지혜 쑥쑥 마음 튼튼
초등 잠언 학교

지혜 쑥쑥 마음 튼튼
초등 잠언 학교

친구 관계부터 감정 조절, 생활 습관,
자존감까지 솔로몬에게 배우는 삶의 지혜

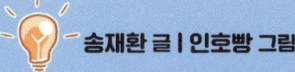
송재환 글 | 인호빵 그림

위즈덤하우스

프롤로그

아이들에게 『잠언』을 읽히라고 하면 쌍수 들고 환영하는 부모님이 계시는가 하면, 생소하기도 하고 거부감을 가지고 있는 부모님들도 계실 것입니다. 전교생 고전 읽기를 실시하고 있는 제가 근무하는 학교에서도 5학년 필독서 목록에 『잠언』이 있었습니다. 하지만 지금은 목록에서 빠졌습니다. 종교 편향적이라며 일부 학부모들의 극렬한 반대가 있었기 때문입니다. 아이러니하지만 『잠언』이 목록에서 빠졌을 때 다른 일단의 학부모들 또한 크게 반발하였습니다.

책 한 권을 놓고 한쪽에서는 꼭 읽혀야 한다고 주장하고 한쪽에서는 읽혀서는 안 된다고 주장하는 경우가 흔치는 않습니다. 저는 이 과정을 지켜보면서 책 한 권의 힘과 영향력을 볼 수 있었습니다. 그리고 고전 목록에서 『잠언』이 빠지는 과정을 보면서 안타까운 마음이 들었습니다.

아이 교육에 관심이 있는 부모라면 대부분 '책읽기'에 대해 관심이 지대합니다. 책을 읽어야 어휘력, 문해력, 이해력, 사고력, 상상력, 문제 해결력, 좋은 심성과 가치관 등을 함양할 수 있기 때문입니다. 책읽기는 아이의 인생을 행복과 성공으로 인도하는 데 중요한 역할을 합니다. 책읽기에서 가장 큰 문제는 '어떤 책을 읽힐 것인가?' 하는 문제입니다. 아이가 좋아하는 책만 계속 읽힐 수도 없고 그렇다고 부모가 가치 있다고 생각하는 책만 읽힐 수도 없습니다. '나쁜 책만큼 나쁜 도적놈도 없다'라는 서양 속담처럼 나쁜 책은 읽히지 않는 것이 훨씬 좋습니다.

그럼 내 아이에게 어떤 책을 읽혀야 할까요? 이것은 부모님들이 자녀를 키우면서 각자 풀어야 할 숙제와도 같습니다. 『잠언』은 자녀에게 무슨 책을 읽힐 것인가를 고민하는 부모들에게 제가 자신 있게 권할 수 있는 책 중의 하나입니다. 『잠언』은 고전 중의 고전이고 아이들이 꼭 읽어야 하는 책 중의 하나입니다. 『잠언』 내용 대부분은 솔로몬이 지은 것입니다. 솔로몬이 누구입니까? 바로 '지혜의 왕' 아닌가요? 한 사람이 평생을 살아도 깨달을 수 있는 인생의 진리가 많지 않습니다. 그런데 잠언은 이런 인생의 진리를 무더기로 모아 놓은 책이라고 할 수 있습니다.

『잠언』을 읽은 아이들은 그 누구보다 지혜로운 인생을 살아갈 수 있습니다. 한 구절씩 배워가다 보면 아이는 솔로몬과 같은 지혜와 통찰력을 갖추게 됩니다. 어린 시절 형성된 가치관은 평생토록 잘 변하지 않습니다. 어린 시절 『잠언』과 같은 지혜서를 접하면 건전하고 지혜로운 가치관으로 인생을 살아가게 됩니다.
저는 이런 확신이 있습니다. 이 책을 읽고 우리 아이가 망가졌다는 학부모는 단 한 명도 없을 것이라고 말입니다. 반면 이 책을 읽고 우리 아이가 달라졌다는 학부모는 헤아릴 수 없이 많이 등장하리라 믿습니다. 이 책 이전에 출간된 고전 쑥쑥 시리즈『초등 사자소학』, 『초등 명심보감』, 『초등 사자성어』를 읽고 '우리 아이가 달라졌다'라는 학부모들의 고백을 많이 들었습니다. 이 책은 이전 책들보다 아이에게 더 좋은 영향을 끼치리라 믿습니다.

『초등 잠언 학교』 책을 출간한 위즈덤하우스 출판사에게 감사를 전합니다. 쉽지 않은 결정임을 알기에 더욱 감사드립니다. 우여곡절 끝에 출간되는 책인 만큼 많은 어린이들에게 선한 영향력을 끼치는 책이 되기를 바랍니다. 마지막으로 이 책을 집필하는 동안 굳건한 믿음을 주시고 지혜를 부어 주신 좋으신 하나님께 감사하고 영광을 돌립니다.

송재환

『초등 잠언 학교』 책을 작업하면서 아이들이 어렸을 때, 함께 잠언 말씀을 암송하던 기억이 떠올랐습니다. 거실 칠판에 한 절씩 적어 놓고 반복해서 읽다 보면 어느새 저절로 외워지곤 했거든요.

네, 맞습니다! 잠언은, 제가 자녀들에게 꼭 알려 주고 싶었던 말씀이에요! 여러분은 자녀들에게 무엇을 주고 싶으신가요? 아마도 '삶의 지혜'를 줄 수만 있다면 더할 나위가 없겠죠?

오늘부터, 아이들과 함께 매일 잠언을 읽어 보세요! 잠언은 총 31장으로 되어 있어서 하루에 한 장씩 읽으면 한 달이면 충분해요! 잠언에 기록된 수많은 지혜가 여러분과 자녀들의 삶을 더욱 아름답고 풍성하게 만들어 줄 거예요.

인호빵

이 책은 어떻게 구성되어 있을까?

이 책은 『잠언』 구절 중에서 초등학생들이 읽고 가슴에 새길 만한 50구절을 뽑아 구성하였습니다. 하루에 한 구절씩 해 나가면 좋은데 한 구절의 구성은 다음과 같습니다.

만화 잠언

구절의 의미와 주제에 맞게 재미있는 만화로 소개했습니다. 이 책을 아이에게 주면 분명 만화부터 읽을 것입니다. 괜찮습니다. 만화를 반복해서 읽으면서 구절의 의미를 새롭게 깨닫고 오래 기억에 남을 수 있을 테니 말입니다.

오늘의 잠언

잠언 한 구절을 소개했습니다. 한 문장으로 구성된 한 구절이라 크게 부담은 없습니다. 구절 중에 등장한 중요한 낱말이나 어려운 낱말은 뜻풀이를 해 놓았고, 비슷한 말이나 반대말도 소개해 어휘력 향상을 꾀했습니다. 하루에 한 구절이면 충분합니다. 구절의 뜻을 깊이 묵상하고 외우기까지 한다면 최고입니다.

구절의 뜻 생각하기

오늘의 잠언 구절을 알기 쉽게 설명하였습니다. 구절의 뜻이나 속뜻이 어렵게 느껴진다면 이 코너를 반복해서 읽어도 좋습니다. 특히 이 책은 부모가 특별히 신경 쓰지 않아도 아이 스스로 해 나갈 수 있는데, 잠언 구절의 뜻을 쉽게 풀어 놓은 이 코너가 있기 때문입니다. 이 코너의 끝에는 '의미가 비슷한 구절이나 속담' 등을 제시했습니다. 잠언은 비슷한 구절이 군데군데 많이 등장합니다. 오늘의 잠언 구절의 뜻과 비슷한 잠언 구절, 비슷한 속담과도 연계하여 국어 능력 향상을 도모하였습니다.

내가 만든 잠언

오늘의 잠언 구절 일부를 고쳐 써 보는 코너입니다. 쉽게 생각하면 쉬울 수 있지만 그럴듯한 잠언 구절을 만들기 위해서는 고민을 많이 해야 합니다. 내가 만든 잠언 코너는 아마도 아이가 가장 머리 아파하는 코너일지도 모릅니다. 왜냐하면 생각을 많이 해야 하기 때문입니다. 이 코너를 통해 아이의 이해력, 언어유창성, 사고력 등이 고스란히 드러나는 것을 볼 수 있을 것입니다.

소리 내어 읽기 및 따라 쓰기

잠언 구절이 아이 인생에 큰 영향력을 주기 위해서는, 잠언 구절을 외우는 것을 권합니다. 잠언 구절을 외우면 일상생활에서도 계속 되뇌게 되고 말을 하거나 글을 쓸 때 인용 글쓰기나 말하기를 할 수 있어 고급스러운 표현 능력도 기를 수 있습니다. 잠언 구절을 외우는 가장 효과적인 방법은 소리 내어 읽고 따라 써 보는 것입니다. 오늘의 구절을 아이 가슴에 새기는 코너라 할 수 있습니다.

내 삶에 적용하기

『잠언』을 읽는 목적은 나를 변화시키기 위함입니다. 책을 읽기 전과 읽은 후 나의 모습이 같다면 그 책은 결코 좋은 책이 아닐 것입니다. 좋은 책을 읽었다면 그 책의 가르침대로 실천해야 합니다. 일상의 작은 것이라도 실천해 보고 삶의 태도를 바꾸는 과정이 필요합니다. 이 코너에는 두 문제가 제공되는데, 한 문제는 자기의 생각을 적어 보는 것이고 한 문제는 실천 사항을 적어 보는 것입니다. 이 책에서 가장 중요하고 비중 있게 다루어야 할 부분이라고 생각합니다. 부모님이 확인할 때 유심히 살펴 주시고, 이 코너의 문제를 가지고 자녀와 대화를 나누시면 아주 유용합니다. 특히 아이가 작은 일이라도 실천한 사례가 있다면 칭찬을 많이 해 주시기 바랍니다.

쉬어 가는 마당

잠언 관련하여 다양한 독후 활동 자료를 탑재해 놓았습니다. 대부분 재미있고 쉽게 할 수 있는 활동들입니다. 책의 맨 뒤에 있다 보니 맨 나중에 하려다 보면 숙제처럼 느껴질 수 있습니다. 책을 공부하는 중에 틈틈이 한 개씩 접하는 편이 좋습니다.

일러두기

이 책에서 인용한 『잠언』 구절은 『우리말 성경』을 기준으로 삼았습니다. 성경의 버전은 여러 가지 버전이 있습니다. 일반적으로 가장 많이 알려지고 읽히고 있는 성경은 『개역개정 성경』인데 어투가 좀 예스럽고 초등생들에게는 어렵게 느껴지는 낱말들이 많이 등장합니다. 이에 비해 『우리말 성경』은 최신 우리말 어법에 맞게 번역이 되어 어린이들도 어렵지 않게 이해하고 받아들일 수 있습니다. 이 책을 읽어 가면서 『개역개정 성경』 구절과 비교하며 읽어 보는 것도 또 다른 재미를 느끼는 방법입니다.

추천의 글

시대는 변하고 교육의 패러다임은 빠르게 전환되지만, 사람을 사람답게 하는 지혜는 결코 낡지 않습니다. 『초등 잠언 학교』는 바로 그 '지혜'에 대한 가장 역사적이며 본질적인 대답을 아이들의 삶 속에 심어 주는 책입니다.

『잠언』은 '하나님을 경외함'이라는 신앙적 기초 위에 세워진 실존적 지혜서입니다. 시대와 상황을 뛰어넘는 지혜의 보고인 잠언이 오늘날 초등학생에게 전해지기 위해서는 언어와 정서적 간격을 이어 주는 도움이 필요합니다. 이 책은 잠언의 지혜를 우리 아이들에게 전하는 가교입니다.

송재환 선생님은 오랜 교직 생활을 통해 얻은 통찰을 다음 세대를 향한 하나님의 마음으로 풀어내고 있습니다. 이 책에는 교육자로서의 전문성과 함께 자녀 세대를 향한 저자의 사랑과 기도가 담겨 있습니다.

『초등 잠언 학교』가 가정마다, 그리고 다음 세대를 세우는 교육 현장마다 널리 읽히기를 바랍니다. 하나님의 지혜로 충만한 하나님의 사람들을 세우는 데 이 책이 귀하게 쓰임 받길 기대합니다.

- 온누리교회 위임목사 이재훈

30년 가까이 초등학교 아이들과 생활하면서 느낀 것이 있다면 책 읽는 아이에게 미래가 있다는 사실입니다. 어휘력, 문해력, 사고력, 상상력, 창의력, 관계력까지, 책을 많이 읽은 아이는 남다릅니다. 특히 책 중의 책이라 할 수 있는 고전을 읽은 아이들은 특별합니다. 고전 중에서도 『잠언』은 아이들이 읽으면 정말 좋은 책입니다. 3,000여 년 전에 쓰였지만 그 가치와 깊이는 지혜서의 대표적인 책이라 할 수 있습니다.

초등교육 현장에서 고전 교육을 해 오신 송재환 선생님의 『초등 잠언 학교』는 AI 시대를 살아가는 아이들에게 꼭 필요한 책이라 생각합니다. 생각하는 힘과 따뜻한 인성을 기르는 데 큰 도움을 줄 것입니다. 교회를 다니든지, 다니지 않든지 우리 학생들에게 아주 큰 고전적 가치와 삶의 교훈이 의미 있게 다가올 것입니다. 자녀에게 깊이 있는 내면의 성장을 선물하고 싶은 부모님께 이 책을 진심으로 권합니다.

- 서울백석초등학교장 이근오

『잠언』은 제 신앙의 뿌리를 형성해 준 말씀입니다. 하나님을 경외하는 마음과 지혜의 시작이 무엇인지 고민할 때마다 저는 언제나 이 말씀으로 되돌아왔습니다. 그래서 제 자녀에게 반드시 전해 주고 싶던 책이 바로 『잠언』이었습니다. 그런 마음을 담아, 아이들이 쉽게 이해하고 실천할 수 있도록 구성된 이 『초등 잠언 학교』는 참 반가운 책입니다. 만화와 설명, 활동까지 아이들 눈높이에 꼭 맞춰져 있어, 부모가 옆에서 도와주지 않아도 혼자 스스로 '말씀을 묵상하며 자라는' 경험을 할 수 있게 됩니다. 자녀가 하나님을 경외하며 지혜롭게 자라길 바라는 부모님께 이 책을 추천합니다. 아이의 영혼에 말씀의 씨앗을 심는 가장 따뜻한 시작이 될 것입니다.

- 유튜브 「교육대기자TV」 편집장 방종임

수많은 교육 전문가들을 인터뷰하면서 좋은 이야기를 다 들었을 텐데, 그래서 당신은 집에서 아이에게 무엇을 가르치느냐고 누군가 제게 묻는다면 저는 주저 없이 '성경 낭독'과 '필사'라고 대답합니다. 성경은 그 자체로 생명력 있는 하나님의 말씀이고, 읽는 사람들의 영혼을 소생시키고 삶을 변화시키는 콘텐츠이기 때문입니다. 이런 맥락에서 『초등 잠언 학교』 추천사를 쓰게 된 사실 그 자체로, 큰 책임감과 함께 감사함을 느낍니다. 책 구성을 보니 아이들에게 다소 어려울 수 있는 잠언 구절을 이해하기 쉽고 흥미로운 만화로 먼저 보여 주고, 해당 구절을 필사하고 자신의 생각을 꺼내어 쓰는 단계까지 포함되어 있는데, 책 제목 만큼이나 구성도 '지혜'롭게 되어 있다는 생각이 들어서 진심으로 추천하고 싶습니다. 이 책을 통해 다음 세대 아이들이 선과 악을 분별하고 자신을 지킬 수 있는 지혜를 갖게 되기를 기도합니다.

- 유튜브 「가든패밀리」 브루스 PD 이승재

차례

프롤로그 ... 4
이 책은 어떻게 구성되어 있을까? ... 7
추천의 글 ... 10

1장 자존감 — 나 자신을 사랑하기

01 너를 보호하는 분별력과 깨달음 ... 20
02 선한 사람들이 가는 길로 가라 ... 24
03 스스로 지혜롭다 생각하지 말고 ... 28
04 무엇보다도 네 마음을 지켜라 ... 32
05 자기 꾀에 자기가 빠짐 ... 36
06 뼈를 말리는 근심하는 마음 ... 40
07 악인을 부러워하지 말라 ... 44
08 남이 너를 칭찬하게 하라 ... 48
09 자기 고집만 부리는 사람 ... 52

2장 근면 — 세상에 필요한 성실함의 힘

10 정당하지 않은 이득 ... 58
11 게으른 사람은 가난하게 되고 ... 62
12 거저 주는 사람 ... 66
13 거만한 사람 ... 70
14 너무 서두르지 말라 ... 74
15 행동을 보면 속마음이 보인다 ... 78
16 계획의 중요성 ... 82
17 가난해도 올바르게 사는 사람 ... 86
18 벼락부자가 되려는 사람 ... 90

3장

인간관계
관계의 소중함을 깨닫기

19 네 아버지의 교훈을 잘 듣고	96
20 신중함과 함께 사는 지혜	100
21 책망하면 안 되는 사람	104
22 조언에 귀를 기울이는 사람	108
23 부드러우면서도 날카로운 혀	112
24 말을 함부로 하는 사람	116
25 뼈를 썩게 하는 질투심	120
26 가난한 사람을 억압하는 사람	124
27 어리석은 사람과 현명한 사람	128
28 서로 미워하면서 스테이크를 먹으면?	132
29 허물을 덮어 주는 것	136
30 다른 사람을 조롱하게 하는 술	140
31 진정한 우정	144
32 그럴듯하게 꾸며대는 사람	148

4장
소통
사람을 살리는 말, 찌르는 말

33 버려야 할 세 가지 말 …………………………… 154
34 나눌 수 없는 마음 ……………………………… 158
35 조급하게 화를 내지 않는 사람 ………………… 162
36 진노를 가라앉히는 온유한 대답 ………………… 166
37 영혼을 상하게 하는 가시 돋친 말 ……………… 170
38 성급한 사람과 어울리지 말라 …………………… 174
39 의인의 말과 악인의 입 …………………………… 178
40 꿀송이 같은 기분 좋은 말 ……………………… 182
41 댐에 구멍을 내는 것과 같은 말다툼 …………… 186
42 맛있는 음식과 같은 남의 말 …………………… 190
43 듣기도 전에 대답하는 사람 ……………………… 194
44 죽고 사는 것이 달린 혀 ………………………… 198
45 거짓말하는 혀로 얻은 보물 ……………………… 202

5장 희망
힘든 시간을 이겨내는 법

46 지혜의 근본	208
47 생명나무가 되는 소원	212
48 어리석은 사람	216
49 가는 길을 여유롭게 해 주는 선물	220
50 내일 일을 자랑하지 마라	224

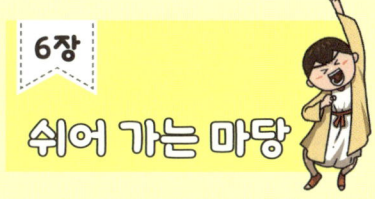

6장 쉬어 가는 마당 … 228

특별 부록

부모님을 위한 잠언 가이드
잠언을 어떻게 가르쳐야 할까?

초등학생에게 잠언이 왜 중요할까?	250
이 책을 읽을 때 주의할 점	254

혹시 여러분은 '자존심'과 '자존감'의 차이를 아시나요? 우리는 일상생활에서 '넌 자존심도 없냐?', '난 자존감이 낮아.'와 같은 말을 하기도 합니다. 자존심과 자존감은 같은 듯하면서도 다릅니다. 자존심과 자존감 둘 다 자기 자신을 좋게 평가하고 사랑하는 마음이며, 자기 자신의 품위를 지키고자 하는 마음입니다. 하지만 이 둘은 분명한 차이점이 있습니다.

자존심은 타인과의 경쟁에서 얻어지는 것입니다. 상대방을 이겼을 때 생기는 일시적 기쁨입니다. 하지만 우리는 잘 압니다. 상대방과의 경쟁에서 항상 이길 수만은 없다는 것을 말입니다. 누구나 상대방과의 경쟁에서 패할 수 있습니다. 이때 우리는 자존심에 상처를 받게 되고 자존심은 한없이 곤두박질칩니다. 또한 자존심은 끊임없이 상대방의 시선이나 평가를 의식합니다. 다른 사람의 시선이나 말을 계속 신경 쓰기 때문에 삶이 피곤하고 자신감도 떨어집니다. 때문에 자존심이 센 사람은 좀처럼 인생을 행복하게 살아갈 수 없습니다.

자존감은 자기 스스로 자신의 있는 그대로를 받아들이고 긍정하는 것입니다. 자존심이 남들의 평가에 의해 생기는 것이라면 자존감은 남들의 평가가 아닌 자신의 평가가 중요합니다. 때문에 자존감이 높은 사람들은 남의 시선이나 평가를 덜 의식합니다. 삶의 태도가 긍정적이고 용기가 있으며 수용적입니다. 자존심은 마음의 상처를 받은 곳에서 자라나는 잡초라면, 자존감은 따뜻한 사랑을 받은 곳에서 자라나는 꽃이라 할 수 있습니다. 때문에 자존감이 높은 사람 곁에 가면 아름다운 향기를 맡을 수 있고 자신도 행복하며 남도 행복하게 하는 인생을 살아갈 수 있습니다.

인생을 성공적이고 행복하게 살아가려면 '자존심 센 사람'이 아닌 '자존감 높은 사람'이 되어야 합니다. 잠언에서도 자존심이 아닌 자존감을 강조하는 구절들이 많습니다.

'남이 너를 칭찬하게 하고 스스로 하지 말라. 칭찬은 남이 해 주는 것이지 자기 스스로 하는 것이 아니다.(『잠언』 27장 2절)'

이 구절은 언뜻 보면 칭찬에 대한 지혜의 구절로 보이지만 실상은 자존심과 자존감을 언급하는 구절이라 할 수 있습니다. 우리는 누군가에게 끊임없이 칭찬을 받으려고 합니다. 다른 사람들이 칭찬해 주지 않으면 자기 스스로 칭찬(잘난 척)을 합니다. 대개 자존심이 센 사람들은 다른 사람들에게 칭찬을 받으려 하고 스스로 잘난 척을 합니다. 자존감이 높은 사람은 남이 해 주는 칭찬에 집착하는 것이 아니라 자기 자신을 있는 그대로 받아들일 줄 아는 사람입니다. 우리는 모두 하나님이 지으신 존재이기에 충분히 사랑스러운 존재이고 아름다운 존재입니다. 다른 사람들과 비교하는 것은 장미꽃과 백합꽃 중에 어느 꽃이 더 아름다운지를 비교하는 것만큼 어리석은 짓입니다. 여러분은 존재 그 자체로 아름답고 사랑스럽습니다.

1장

자존감
나 자신을 사랑하기

01 너를 보호하는 분별력과 깨달음

오늘의 잠언(2장 11절)
분별력이 너를 보호하고 깨달음이 너를 지킬 것이다.

오늘의 잠언 (2장 11절)

분별력이 너를 보호하고 깨달음이 너를 지킬 것이다.

★ 분별력 : 서로 다른 일이나 사물을 구별하는 능력.　비 눈치, 지각, 생각

위 구절의 뜻을 함께 생각해 볼까요?

분별력은 사물을 구별하는 능력뿐만 아니라 무엇이 옳고 그른지를 구별하는 능력을 말합니다. 지혜로운 사람은 분별력이 좋지만 어리석은 사람은 분별력이 없습니다. 깨달음은 분별력에서 옵니다. '낫 놓고 기역자도 모른다'는 속담은 분별력이 없는 사람이 깨달음도 없는 것을 잘 보여주는 속담입니다. 분별력과 깨달음을 얻기 위해서는 어떻게 해야 할까요? 어떤 것에 대해 깊이 생각하는 습관을 가져야 합니다. 깊이 생각하다 보면 분별력도 좋아지고 어느 순간 깨달음이 오기도 합니다.

★ 의미가 비슷한 구절이나 속담
아름다운 여자가 분별력이 없으면 돼지 코에 금고리와 같다.(『잠언』 11:22)

내가 만든 잠언 (내가 만약 솔로몬이라면?)

1 낱말 바꿔 쓰기

분별력이 너를 보호하고 깨달음이 너를 지킬 것이다.
➡ (　　　　　　　　)이 너를 보호하고 (　　　　　　　　)이 너를 지킬 것이다.

2 구절 바꿔 쓰기

분별력이 너를 보호하고 깨달음이 너를 지킬 것이다.
➡ 분별력이 (　　　　　　　　　　　　　　　　　　　　　　　　)

입으로 소리 내어 읽으면서 손으로 직접 써 보세요.

분	별	력	이		너	를		보	호
하	고		깨	달	음	이		너	를
지	킬		것	이	다	.			

내 삶에 적용하기

1 내가 최근에 얻은 '깨달음'이 있나요? 어떤 깨달음인지 적어 보고 어떻게 얻은 깨달음인지도 적어 보세요.

_____
_____
_____

2 오늘 잠언을 공부하며 깨달은 점이나 내 삶을 멋지게 변화시킬 작은 실천 사항을 한 가지 적어 보고 꼭 실천해 보세요. 나로부터 시작되는 작은 변화가 세상을 아름답게 변화시킬 수 있습니다.

_____
_____
_____

02 선한 사람들이 가는 길로 가라

오늘의 잠언(2장 20절)

너는 선한 사람들이 가는 길로 가고
의로운 사람이 가는 길로만 가거라.

오늘의 잠언(2장 20절)

너는 선한 사람들이 가는 길로 가고
의로운 사람이 가는 길로만 가거라.

★ **선하다** : 바르고 착하여 도덕적 기준에 맞는 데가 있다.   비 착하다, 아름답다   반 악하다

위 구절의 뜻을 함께 생각해 볼까요?

부모님이나 선생님으로부터 '착하게 살아라'라는 말을 듣곤 합니다. '착하게 살아라'라는 말이 바로 '선한 사람들이 가는 길로 가라'는 말입니다. 또한 나라의 독립을 위해 목숨을 바친 안중근 의사와 같은 분을 의로운 사람이라고 합니다. 이 구절에서는 의로운 사람처럼 살라고 말합니다. 우리는 왜 착하게 살아야 할까요? 우리는 왜 의롭게 살아야 할까요? 우리는 착하게 살고 싶고, 의롭게 살고 싶지만 그렇게 살지 못하는 경우가 많습니다. 그 이유는 무엇일까요?

★ **의미가 비슷한 구절이나 속담**
사람은 뿌린 대로 거둔다.

내가 만든 잠언(내가 만약 솔로몬이라면?)

1 낱말 바꿔 쓰기

너는 선한 사람들이 가는 길로 가고 의로운 사람이 가는 길로만 가거라.

➡ 너는 선한 사람들이 가는 길로 가고 (   )이 가는 길로만 가거라.

2 구절 바꿔 쓰기

너는 선한 사람들이 가는 길로 가고 의로운 사람이 가는 길로만 가거라.

➡ 너는 (   ) 의로운 사람이 가는 길로만 가거라.

입으로 소리 내어 읽으면서 손으로 직접 써 보세요.

너	는		선	한		사	람	들	이
가	는		길	로		가	고		의
로	운		사	람	이		가	는	
길	로	만		가	거	라	.		

내 삶에 적용하기

1 나는 선한 사람의 길로 가고 있나요? 또는 의로운 사람이 가는 길로 가고 있나요? 답변해 보고 그 이유도 적어 보세요.

2 오늘 잠언을 공부하며 깨달은 점이나 내 삶을 멋지게 변화시킬 작은 실천 사항을 한 가지 적어 보고 꼭 실천해 보세요. 나로부터 시작되는 작은 변화가 세상을 아름답게 변화시킬 수 있습니다.

03 스스로 지혜롭다 생각하지 말고

오늘의 잠언(3장 7절)
스스로 지혜롭다 생각하지 말고 여호와를 두려워하여 섬기고 악에서 떠날지어다.

오늘의 잠언(3장 7절)

스스로 지혜롭다 생각하지 말고 여호와를 두려워하여 섬기고 악에서 떠나거라.

★ 여호와 : '스스로 존재하는 자'라는 뜻으로 하나님의 이름으로 일컬어짐.　비 하나님, 야훼

위 구절의 뜻을 함께 생각해 볼까요?

여호와는 하나님의 이름으로 뜻은 '스스로 존재하는 자'라는 뜻입니다. 흔히 사람은 스스로 지혜롭다고 여기며 하나님의 존재를 믿지 않고 두려워하지도 않습니다. 하지만 잠언에서는 스스로 지혜롭게 여기지 말고 여호와 하나님을 두려워하며 악에서 떠나라고 합니다. 하나님을 두려워하는 사람은 결코 자신을 지혜롭다고 생각하거나 잘난 척하지 않습니다. 왜냐하면 사람이 아무리 똑똑하고 지혜로워도 하나님보다 더 똑똑하고 지혜로울 수는 없으니까요.

★ 의미가 비슷한 구절이나 속담
- 여호와를 두려워하며 섬기는 것이 지식의 시작인데 어리석은 사람들은 지혜와 교훈을 가볍게 여긴다.(『잠언』1:7)
- 귀 막고 방울 도적질한다.

내가 만든 잠언(내가 만약 솔로몬이라면?)

1 낱말 바꿔 쓰기

스스로 지혜롭다 생각하지 말고 여호와를 두려워하여 섬기고 악에서 떠나거라.
➡ 스스로 (　　　　　　　　) 생각하지 말고 여호와를 두려워하여 섬기고 악에서 떠나거라.

2 구절 바꿔 쓰기

스스로 지혜롭다 생각하지 말고 여호와를 두려워하여 섬기고 악에서 떠나거라.
➡ 스스로 지혜롭다 생각하지 말고 (　　　　　　　　　　　　　　　)

입으로 소리 내어 읽으면서 손으로 직접 써 보세요.

스	스	로		지	혜	롭	다		생
각	하	지		말	고		여	호	와
를		두	려	워	하	여		섬	기
고		악	에	서		떠	나	거	라
.									

내 삶에 적용하기

1 오늘 잠언에서 사람이 지혜로워지는 방법은 '여호와를 두려워하여 섬기고 악에서 떠나는 것'이라 말하고 있습니다. 내가 생각하는 지혜로워지는 방법을 적어 보세요.

2 오늘 잠언을 공부하며 깨달은 점이나 내 삶을 멋지게 변화시킬 작은 실천 사항을 한 가지 적어 보고 꼭 실천해 보세요. 나로부터 시작되는 작은 변화가 세상을 아름답게 변화시킬 수 있습니다.

04 무엇보다도 네 마음을 지켜라

오늘의 잠언(4장 23절)

무엇보다도 네 마음을 지켜라.
네 마음에서 생명의 샘이 흘러나오기 때문이다.

오늘의 잠언(4장 23절)

무엇보다도 네 마음을 지켜라.
네 마음에서 생명의 샘이 흘러나오기 때문이다.

★ **마음** : 사람이 본래부터 지닌 성격이나 성품. 비 가슴, 성격, 속

위 구절의 뜻을 함께 생각해 볼까요?

세상에서 가장 알기 어려운 것이 무엇일까요? 아마 '사람의 마음' 아닐까요? 남의 마음은 고사하고 내 마음조차도 알기 어려울 때가 있습니다. 마음은 하루에 열두 번도 더 변하는 존재이니까요. 잠언에서는 이렇게 잘 변하는 마음을 잘 지키라고 합니다. 왜냐하면 내 마음에서 생명의 샘이 흘러나오기 때문입니다. 생명의 샘에서 흘러나오는 샘물을 마시면 내가 살아나고 가족이나 친구들도 살아날 수 있습니다. 마음을 지킬 줄 알면 멋진 삶을 살 수 있을 것입니다.

★ **의미가 비슷한 구절이나 속담**
화내는 데 더딘 사람은 용사보다 낫고 마음을 다스릴 줄 아는 사람은 성을 빼앗는 사람보다 낫다.(『잠언』 16:32)

내가 만든 잠언(내가 만약 솔로몬이라면?)

1 낱말 바꿔 쓰기

무엇보다도 네 마음을 지켜라. 네 마음에서 생명의 샘이 흘러나오기 때문이다.

➡ 무엇보다도 네 (   )을 지켜라. 네 (   )에서 생명의 샘이 흘러나오기 때문이다.

2 구절 바꿔 쓰기

무엇보다도 네 마음을 지켜라. 네 마음에서 생명의 샘이 흘러나오기 때문이다.

➡ 무엇보다도 네 마음을 지켜라. (   )

입으로 소리 내어 읽으면서 손으로 직접 써 보세요.

무	엇	보	다	도		네		마	음
을		지	켜	라	.	네		마	음
에	서		생	명	의		샘	이	
흘	러	나	오	기		때	문	이	다
.									

내 삶에 적용하기

1 나는 내 마음을 잘 알고 내 마음을 잘 지키고 있나요? 자신이 알고 있는 마음을 지키는 방법이 있다면 한두 가지만 적어 보세요.

2 오늘 잠언을 공부하며 깨달은 점이나 내 삶을 멋지게 변화시킬 작은 실천 사항을 한 가지 적어 보고 꼭 실천해 보세요. 나로부터 시작되는 작은 변화가 세상을 아름답게 변화시킬 수 있습니다.

05 자기 꾀에 자기가 빠짐

오늘의 잠언 (5장 22절)
악인은 자기 죄악에 걸리고 그 죄의 올무에 걸려든다.

오늘의 잠언(5장 22절)

악인은 자기 죄악에 걸리고 그 죄의 올무에 걸려든다.

★ 올무 : 새나 짐승을 위해 만든 올가미.　비 덫, 함정, 잔꾀

위 구절의 뜻을 함께 생각해 볼까요?

우리 속담에 '제 꾀에 제가 넘어간다'는 말이 있습니다. 꾀를 내어 남을 속이려다 도리어 자기가 그 꾀에 넘어감을 비유적으로 이르는 말입니다. 이처럼 죄를 짓는 사람은 결국 자기 죄에 걸려 죽고 마는 법입니다. 이는 마치 사냥꾼이 짐승을 잡기 위해 덫(올무)을 놓고 기다리다가 자신의 발이 덫에 걸리는 꼴과 같습니다. 거짓말이나 도둑질과 같은 죄악은 당장 이득을 보는 것 같아도 결국은 이것에 자신이 걸려 큰 낭패를 보기 마련입니다. 나는 어떤 죄악에 자주 걸려 넘어지는지 생각해 보세요.

★ 의미가 비슷한 구절이나 속담
제 꾀에 제가 넘어간다.

내가 만든 잠언(내가 만약 솔로몬이라면?)

1 낱말 바꿔 쓰기

악인은 자기 죄악에 걸리고 그 죄의 올무에 걸려든다.

➡ 악인은 자기 죄악에 걸리고 그 죄의 (　　　　　　　　　)에 걸려든다.

2 구절 바꿔 쓰기

악인은 자기 죄악에 걸리고 그 죄의 올무에 걸려든다.

➡ 악인은 자기 죄악에 걸리고 (　　　　　　　　　　　　　)

입으로 소리 내어 읽으면서 손으로 직접 써 보세요.

악	인	은		자	기		죄	악	에
걸	리	고		그			죄	의	올
무	에		걸	려	든	다	.		

내 삶에 적용하기

1 사람은 누구나 잘 빠져드는 죄가 있기 마련입니다. 내가 자꾸 걸려들거나 빠져드는 죄는 무엇인지 생각해 보고 적어 보세요. 그리고 그 죄악에서 벗어나기 위해서는 어떻게 해야 할지도 적어 보세요.

2 오늘 잠언을 공부하며 깨달은 점이나 내 삶을 멋지게 변화시킬 작은 실천 사항을 한 가지 적어 보고 꼭 실천해 보세요. 나로부터 시작되는 작은 변화가 세상을 아름답게 변화시킬 수 있습니다.

06 뼈를 말리는 근심하는 마음

오늘의 잠언 (17장 22절)

즐거운 마음은 병을 낫게 하지만
근심하는 마음은 뼈를 말린다.

오늘의 잠언(17장 22절)

즐거운 마음은 병을 낫게 하지만
근심하는 마음은 뼈를 말린다.

★ 근심 : 해결되지 않은 일 때문에 속을 태우거나 우울해함. 비 걱정, 고민, 노심초사

위 구절의 뜻을 함께 생각해 볼까요?

스트레스는 모든 병의 원인이 됩니다. 스트레스를 많이 받다 보면 병에 걸립니다. 우리가 스트레스를 받을 때는 대부분 근심과 걱정이 있을 때입니다. 근심과 걱정은 스트레스의 원인이 되고 우리의 건강을 해치기도 합니다. 반대로 즐거운 마음은 쌓인 스트레스를 날려 버리고 걸린 병도 낫게 만듭니다. 어린아이는 하루 평균 400번 이상을 웃는다고 합니다. 하지만 어른이 되면 하루에 고작 스무 번 정도밖에는 웃지 않는다고 합니다. 어린아이가 많이 웃을 수 있는 것은 쓸데없는 걱정을 안 하기 때문 아닐까요?

★ 의미가 비슷한 구절이나 속담
　즐거운 마음은 좋은 약과 같다.(A merry heart doeth good like a medicine.)

내가 만든 잠언(내가 만약 솔로몬이라면?)

1 낱말 바꿔 쓰기

즐거운 마음은 병을 낫게 하지만 근심하는 마음은 뼈를 말린다.
➡ (　　　　　　　　　　　　　)은 병을 낫게 하지만 근심하는 마음은 뼈를 말린다.

2 구절 바꿔 쓰기

즐거운 마음은 병을 낫게 하지만 근심하는 마음은 뼈를 말린다.
➡ 즐거운 마음은 병을 낫게 하지만 근심하는 마음은 (　　　　　　　　　　　　　)

입으로 소리 내어 읽으면서 손으로 직접 써 보세요.

즐	거	운		마	음	은		병	을
낫	게		하	지	만		근	심	하
는		마	음	은		뼈	를		말
린	다	.							

내 삶에 적용하기

1 최근에 내가 가장 걱정하거나 근심하는 것은 무엇인가요? 이 근심과 걱정으로부터 벗어나기 위해서는 어떻게 해야 할지 생각해 보고 적어 보세요.

---

2 오늘 잠언을 공부하며 깨달은 점이나 내 삶을 멋지게 변화시킬 작은 실천 사항을 한 가지 적어 보고 꼭 실천해 보세요. 나로부터 시작되는 작은 변화가 세상을 아름답게 변화시킬 수 있습니다.

---

07 악인을 부러워하지 말라

오늘의 잠언 (24장 1절)
악인을 부러워하지 말고 그들과 어울리려고 하지 마라.

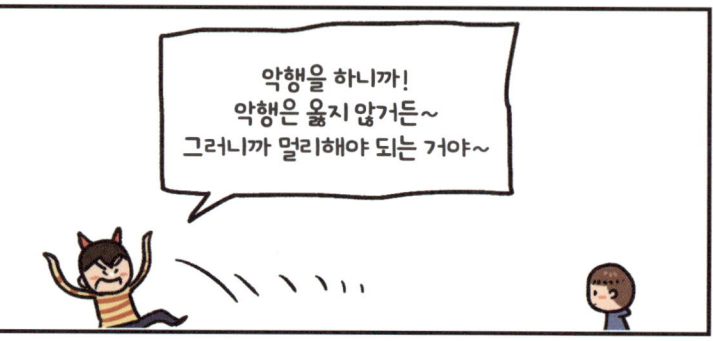

오늘의 잠언(24장 1절)

악인을 부러워하지 말고 그들과 어울리려고 하지 마라.

★ 악인 : 악한 사람. [비] 악당, 악한 [반] 의인

위 구절의 뜻을 함께 생각해 볼까요?

학교에서 아이들을 가르치다 보면 아이들은 잘못한 친구들의 행동을 끊임없이 이르곤 합니다. 여기에는 두 가지 마음이 있습니다. 하나는 그 친구를 선생님이 혼내길 원하는 마음입니다. 또 하나는 친구의 잘못된 행동을 부러워하는 마음입니다. 나도 그 친구처럼 잘못을 따라 하고 싶어서일 테죠. 잘못된 행동을 하는 친구를 부러워하거나 그들과 어울리려고 하지 마십시오.

★ **의미가 비슷한 구절이나 속담**
  • 죄인들을 부러워하지 말고 늘 오직 여호와를 경외하는 일에만 마음을 써라. 분명 네 미래가 밝아지고 네가 기대하는 것은 끊어지지 않을 것이다.(『잠언』 23:17, 18) • 악한 사람 때문에 초조해하거나 악인을 부러워하지 마라. 악한 사람은 상이 없고 악인의 등불은 꺼져버린다.(『잠언』 24:19, 20)

내가 만든 잠언(내가 만약 솔로몬이라면?)

1 낱말 바꿔 쓰기

악인을 부러워하지 말고 그들과 어울리려고 하지 마라.
➡ (   ) 부러워하지 말고 그들과 어울리려고 하지 마라.

2 구절 바꿔 쓰기

악인을 부러워하지 말고 그들과 어울리려고 하지 마라.
➡ 악인을 부러워하지 말고 그들과 (   )

입으로 소리 내어 읽으면서 손으로 직접 써 보세요.

악	인	을		부	러	워	하	지	
말	고			그	들	과		어	울	리
려	고			하	지		마	라	.

내 삶에 적용하기

1. 잘못된 행동을 하는 친구를 선생님에게 이른 적이 있나요? 그때 나의 마음은 친구가 그 행동을 고치기를 바라는 마음이었나요? 아니면 그 친구가 부럽거나 혹은 혼나기를 바라는 마음이었나요?

2. 오늘 잠언을 공부하며 깨달은 점이나 내 삶을 멋지게 변화시킬 작은 실천 사항을 한 가지 적어 보고 꼭 실천해 보세요. 나로부터 시작되는 작은 변화가 세상을 아름답게 변화시킬 수 있습니다.

08 남이 너를 칭찬하게 하라

오늘의 잠언(27장 2절)

남이 너를 칭찬하게 하고 스스로 하지 말라. 칭찬은 남이 해 주는 것이지 자기 스스로 하는 것이 아니다.

오늘의 잠언(27장 2절)

남이 너를 칭찬하게 하고 스스로 하지 말라. 칭찬은 남이 해 주는 것이지 자기 스스로 하는 것이 아니다.

★ 칭찬 : 좋은 점이나 착하고 훌륭한 일을 높이 평가하거나 그런 말. [비] 칭송, 극찬 [반] 비난

위 구절의 뜻을 함께 생각해 볼까요?

사람은 누구나 칭찬받고 싶어 합니다. 칭찬을 듣고 싶으면 먼저 칭찬을 잘하는 사람이 되세요. 그럼 다른 사람들에게 많은 칭찬을 들을 수 있을 것입니다. 다른 사람을 칭찬할 때는 칭찬할 일이 생겼을 때 즉시 칭찬해 주세요. 그리고 칭찬을 할 때는 '잘했다'처럼 두루뭉술하게 하지 말고, 어떤 점을 잘했는지 구체적으로 칭찬해 주세요. 칭찬은 가능한 한 몰래 하지 말고 공개적으로 해 주세요. '즉각적으로', '구체적으로', '공개적으로' 이 세 가지 원칙으로 칭찬하다 보면 나도 칭찬을 많이 받을 것입니다.

★ 의미가 비슷한 구절이나 속담
- 칭찬은 고래도 춤추게 한다.
- 칭찬은 바보도 천재로 만든다.

내가 만든 잠언(내가 만약 솔로몬이라면?)

1 낱말 바꿔 쓰기

남이 너를 칭찬하게 하고 스스로 하지 말라. 칭찬은 남이 해 주는 것이지 자기 스스로 하는 것이 아니다.

➡ 남이 너를 (　　　　　　)하게 하고 스스로 하지 말라. (　　　　　　)은 남이 해 주는 것이지 자기 스스로 하는 것이 아니다.

2 구절 바꿔 쓰기

남이 너를 칭찬하게 하고 스스로 하지 말라. 칭찬은 남이 해 주는 것이지 자기 스스로 하는 것이 아니다.

➡ 남이 너를 칭찬하게 하고 스스로 하지 말라.
　 칭찬은 (　　　　　　　　　　　　　　　　　　　　　　　　　)

입으로 소리 내어 읽으면서 손으로 직접 써 보세요.

남	이		너	를		칭	찬	하	게
하	고		스	스	로		하	지	
말	라	.	칭	찬	은		남	이	
해		주	는			것	이	지	자
기		스	스	로		하	는		것
이		아	니	다	.				

내 삶에 적용하기

1 가족에 대한 칭찬을 적어 봅시다. 구체적으로 적어 보고 다 적었다면 즉각적이고 공개적으로 칭찬해 주세요. 가족의 반응이 어땠는지도 적어 보세요.

_____
_____

2 오늘 잠언을 공부하며 깨달은 점이나 내 삶을 멋지게 변화시킬 작은 실천 사항을 한 가지 적어 보고 꼭 실천해 보세요. 나로부터 시작되는 작은 변화가 세상을 아름답게 변화시킬 수 있습니다.

_____
_____

09 자기 고집만 부리는 사람

오늘의 잠언(29장 1절)

여러 번 꾸짖어도 자기 고집만 부리는 사람은
갑자기 멸망하되 결코 회복되지 못할 것이다.

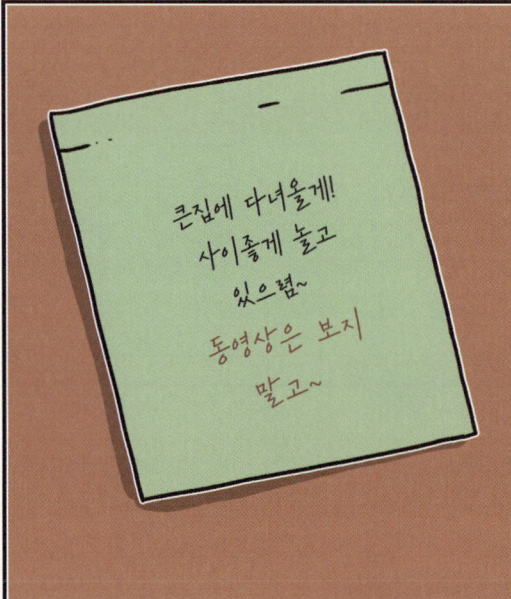

오늘의 잠언 (29장 1절)

**여러 번 꾸짖어도 자기 고집만 부리는 사람은
갑자기 멸망하되 결코 회복되지 못할 것이다.**

★ 고집 : 자기의 의견을 바꾸거나 고치지 않고 굳게 버팀. 비 아집, 심술, 오기   반 아량

위 구절의 뜻을 함께 생각해 볼까요?

우리말에 '쇠고집'이란 말이 있습니다. 정도가 지나치게 부리는 고집을 이르는 말입니다. 비슷한 말로 '똥고집'이 있습니다. 고집을 좋은 쪽으로 부리면 남이 이루지 못하는 것을 우직하게 이뤄내곤 합니다. 이런 좋은 고집을 일러 '집념'이라고 합니다. 하지만 고집을 좋지 않은 쪽으로 부리면 이것은 똥고집이 되어 아무도 못 말립니다. 부모님이나 선생님의 말도 전혀 듣지 않습니다. 이런 똥고집을 부리는 사람은 갑자기 멸망하고 결코 회복되지 못한다고 잠언은 가르치고 있습니다. 나는 어떤 고집이 있나요?

★ 의미가 비슷한 구절이나 속담
• 콩을 팥이라고 우긴다.   • 길로 가라니까 뫼로 간다.

내가 만든 잠언 (내가 만약 솔로몬이라면?)

1 낱말 바꿔 쓰기

여러 번 꾸짖어도 자기 고집만 부리는 사람은 갑자기 멸망하되 결코 회복되지 못할 것이다.

➡ 여러 번 꾸짖어도 (   ) 사람은 갑자기 멸망하되 결코 회복되지 못할 것이다.

2 구절 바꿔 쓰기

여러 번 꾸짖어도 자기 고집만 부리는 사람은 갑자기 멸망하되 결코 회복되지 못할 것이다.

➡ 여러 번 꾸짖어도 자기 고집만 부리는 사람은 (   )

입으로 소리 내어 읽으면서 손으로 직접 써 보세요.

여	러		번		꾸	짖	어	도	
자	기		고	집	만		부	리	는
사	람	은		갑	자	기		멸	망
하	되		결	코		회	복	되	지
못	할		것	이	다	.			

내 삶에 적용하기

1 내가 고집을 부리는 상황을 생각해 봅시다. 어떤 상황에서 고집을 부리고 있나요? 그 고집은 좋은 집념인가요? 아니면 쓸데없는 똥고집인가요?

2 오늘 잠언을 공부하며 깨달은 점이나 내 삶을 멋지게 변화시킬 작은 실천 사항을 한 가지 적어 보고 꼭 실천해 보세요. 나로부터 시작되는 작은 변화가 세상을 아름답게 변화시킬 수 있습니다.

최근 한 온라인 커뮤니티에서 '10억 원을 준다면 1년 동안 감옥에 갈 수 있는가?'라는 질문에 고교생의 56%, 중학생은 39%, 초등생이 17%가 '그렇다'라고 답변했습니다. 여러분은 어떻게 생각하나요? 답변의 잘잘못을 떠나 사람들은 왜 이런 생각을 하게 되는 걸까요? 돈이 최고라는 생각이 빚어낸 결과가 아닐까요? 돈이 있어야 행복할 수 있고 돈이면 뭐든지 다 되는 세상이라고 믿기에, 부자가 될 수 있다면 감옥에 가는 것도 감수할 수 있다고 여기는 것입니다. 참고로 10억 원을 모으려면 한 달에 100만 원씩 83년을 모아야 가능한 엄청난 돈입니다.

우리는 누구나 부자가 되고 싶어 합니다. 그럼 어떻게 하면 부자가 될 수 있는 걸까요? 요즘 많은 사람들이 로또에 당첨되거나 금수저를 물고 태어나지 않으면 부자가 될 수 없다고 생각합니다. 자신의 노력이나 근면함을 가지고는 부자가 될 수 없다고 여깁니다. 여러분도 같은 생각인가요? 잠언에서는 어떻게 말하고 있을까요?

'게으른 사람은 가난하게 되고 부지런한 사람은 부요하게 된다.(『잠언』 10장 4절)'

잠언에서는 게으른 사람은 가난하게 되고 부지런한 사람이 부자가 된다고 말합니다. 이 시대 사람들의 생각과는 좀 다른 듯합니다. 심지어 잠언은 10억 원을 주면 감옥 가는 것도 감수하겠다는 사람들에게 다음과 같이 말합니다.

'벼락부자가 되려는 사람은 죄악에 눈이 어두워 가난이 자기에게 닥칠 것을 깨닫지 못한다.(『잠언』 28장 20절)'

잠언은 부자를 비난하거나 가난뱅이를 두둔하지 않습니다. 다만 부자가 되려면 근면하고 성실하게 살라고 충고합니다. 근면하고 성실하지도 않으면서 부자로 살려고 하는 것은 도둑놈 심보이고 망하는 지름길이라고 말합니다. 근면하고 성실함으로 부자가 되려고 노력하세요.

잠언의 가르침을 한 가지 덧붙이자면 부자 중에 좋은 부자가 되기 위해 노력하세요. 잠언은 나쁜 부자가 될 바에는 가난해도 올바르게 사는 사람이 되라고 가르칩니다.

'가난해도 올바르게 사는 사람이 추악하게 사는 부자보다 낫다.(『잠언』 28장 6절)'

여러분은 잠언의 가르침에 얼마나 고개가 끄덕여지나요? '돈을 좋아하는 것이 모든 악의 뿌리'라는 말이 있습니다. 돈이 많은 부자가 되기를 너무 열망하면 자칫 인생을 망칠 수 있습니다. 여러분 모두가 올바르게 사는 좋은 부자가 되기를 바랍니다.

2장

근면
세상에 필요한 성실함의 힘

10. 정당하지 않은 이득

오늘의 잠언 (1장 19절)

정당하지 않은 이득을 욕심내는 사람들은
결국 자기 생명만 잃을 뿐이다.

오늘의 잠언(1장 19절)

**정당하지 않은 이득을 욕심내는 사람들은
결국 자기 생명만 잃을 뿐이다.**

★ **정당하다** : 올바르고 마땅하다.   비 마땅한, 공정한   반 불공정한

위 구절의 뜻을 함께 생각해 볼까요?

'바다는 메워도 사람 욕심은 못 채운다'는 속담이 있습니다. 그만큼 사람 욕심은 끝이 없다는 말이고 어떤 것으로도 채울 수 없다는 말이기도 합니다. 자기 욕심을 채우기 위해 더 노력하는 사람들도 있지만 사기 치거나 거짓말을 일삼기도 합니다. 이렇게 정당하지 않은 방법으로 자신의 욕심을 채우려고 하면, 결국 자기 생명까지도 위태로워집니다. 내 안에는 정당하지 않은 이득을 욕심내는 마음은 없는지 살펴 보시기 바랍니다.

★ **의미가 비슷한 구절이나 속담**
  바다는 메워도 사람 욕심은 못 채운다.

내가 만든 잠언(내가 만약 솔로몬이라면?)

1 낱말 바꿔 쓰기

정당하지 않은 이득을 욕심내는 사람들은 결국 자기 생명만 잃을 뿐이다.
➡ 정당하지 않은 이득을 욕심내는 사람들은 결국 자기 (   )만 잃을 뿐이다.

2 구절 바꿔 쓰기

정당하지 않은 이득을 욕심내는 사람들은 결국 자기 생명만 잃을 뿐이다.
➡ (   )을 욕심내는 사람들은 결국 자기 생명만 잃을 뿐이다.

입으로 소리 내어 읽으면서 손으로 직접 써 보세요.

정	당	하	지		않	은		이	득
을		욕	심	내	는		사	람	들
은		결	국		자	기		생	명
만		잃	을		뿐	이	다	.	

내 삶에 적용하기

1 정당하지 않은 이득을 욕심낸 적이 있나요? 그 결과는 어떻게 되었는지도 적어 보세요.

2 오늘 잠언을 공부하며 깨달은 점이나 내 삶을 멋지게 변화시킬 작은 실천 사항을 한 가지 적어 보고 꼭 실천해 보세요. 나로부터 시작되는 작은 변화가 세상을 아름답게 변화시킬 수 있습니다.

11. 게으른 사람은 가난하게 되고

오늘의 잠언(10장 4절)

게으른 사람은 가난하게 되고 부지런한 사람은 부요하게 된다.

오늘의 잠언(10장 4절)

> 게으른 사람은 가난하게 되고
> 부지런한 사람은 부요하게 된다.

★ **부요하다** : 재물을 풍부하게 가지고 있다. 비 부유하다, 부하다   반 가난하다

위 구절의 뜻을 함께 생각해 볼까요?

잠언에서 가장 많이 언급되는 덕목이 있다면 '게으르지 말고 부지런하게 살아라'라는 것입니다. 게으름과 관련한 구절이 열 구절도 넘게 나옵니다. 잠언은 다른 어떤 덕목보다 부지런함을 중요하게 생각하는 듯합니다. 여러분 중에서 가난하게 살고 싶은 사람 있나요? 아마 한 명도 없을 것입니다. 부자로 살고 싶은 사람은 게으름을 버리고 부지런하게 사세요. 그러면 부자가 된다고 합니다.

★ **의미가 비슷한 구절이나 속담**
- 너, 게으름뱅이야, 개미에게 가서 그들이 하는 것을 보고 지혜를 얻어라.(『잠언』 6:9) • 큰 부자는 하늘에 달려 있고 작은 부자는 부지런함에 달려 있다.(『명심보감』 성심 편)

내가 만든 잠언(내가 만약 솔로몬이라면?)

1 낱말 바꿔 쓰기

게으른 사람은 가난하게 되고 부지런한 사람은 부요하게 된다.
➡ (   ) 사람은 가난하게 되고 (   ) 사람은 부요하게 된다.

2 구절 바꿔 쓰기

게으른 사람은 가난하게 되고 부지런한 사람은 부요하게 된다.
➡ 게으른 사람은 가난하게 되고 (   )

입으로 소리 내어 읽으면서 손으로 직접 써 보세요.

게	으	른		사	람	은		가	난
하	게		되	고		부	지	런	한
사	람	은		부	요	하	게		된
다	.								

내 삶에 적용하기

1 나는 스스로 게으른 사람이라고 생각하나요? 아니면 부지런한 사람이라고 생각하나요? 그 이유나 까닭도 같이 적어 보세요.

2 오늘 잠언을 공부하며 깨달은 점이나 내 삶을 멋지게 변화시킬 작은 실천 사항을 한 가지 적어 보고 꼭 실천해 보세요. 나로부터 시작되는 작은 변화가 세상을 아름답게 변화시킬 수 있습니다.

12 거저 주는 사람

오늘의 잠언 (11장 24절)

거저 주는 사람은 더 많이 얻게 되지만
지나치게 아끼는 사람은 가난에 이른다.

오늘의 잠언(2장 11절)

거저 주는 사람은 더 많이 얻게 되지만
지나치게 아끼는 사람은 가난에 이른다.

★ **거저** : 아무런 노력이나 대가 없이.　비 공으로, 그냥

위 구절의 뜻을 함께 생각해 볼까요?

누군가에게 내가 가진 돈을 거저 준다면 나는 가난해질까요? 아니면 부자가 될까요? 당연히 내가 가진 것을 주었으니 나는 가난해져야 하지 않을까요? 그런데 오늘 잠언 구절은 오히려 부자가 된다고 말합니다. 반대로 내가 가진 것을 남에게 절대 베풀지 않고 지나치게 아끼는 사람은 오히려 가난해진다고 합니다. 분명 부자가 되어야 하는데 말이죠. 오늘의 잠언 구절을 믿는 사람은 남에게 베풀거나 도움을 주기가 쉬울 것입니다. 왜냐하면 베풀거나 돕는 것이 결국 내가 잘 되는 길이니까요.

★ **의미가 비슷한 구절이나 속담**
　네가 선을 행할 수 있는 능력이 있으면 도움이 필요한 사람에게 기꺼이 선을 베풀어라.(『잠언』 3:27)

내가 만든 잠언(내가 만약 솔로몬이라면?)

1 낱말 바꿔 쓰기

거저 주는 사람은 더 많이 얻게 되지만 지나치게 아끼는 사람은 가난에 이른다.
➡ (　　　　　　　) 사람은 더 많이 얻게 되지만 지나치게 아끼는 사람은 가난에 이른다.

2 구절 바꿔 쓰기

거저 주는 사람은 더 많이 얻게 되지만 지나치게 아끼는 사람은 가난에 이른다.
➡ 거저 주는 사람은 더 많이 얻게 되지만 (　　　　　　　　　) 가난에 이른다.

입으로 소리 내어 읽으면서 손으로 직접 써 보세요.

거	저		주	는		사	람	은	
더		많	이		얻	게		되	지
만		지	나	치	게		아	끼	는
사	람	은		가	난	에		이	른
다	.								

내 삶에 적용하기

1 남에게 베풀거나 거저 주는 사람이 더 부자가 되고 지나치게 아끼는 사람은 가난해진다고 했는데 이것에 대한 나의 생각을 적어 보세요.

---

2 오늘 잠언을 공부하며 깨달은 점이나 내 삶을 멋지게 변화시킬 작은 실천 사항을 한 가지 적어 보고 꼭 실천해 보세요. 나로부터 시작되는 작은 변화가 세상을 아름답게 변화시킬 수 있습니다.

---

13 거만한 사람

오늘의 잠언 (15장 12절)

거만한 사람은 자기를 꾸짖는 사람을 좋아하지 않으며 지혜로운 사람에게 가지도 않는다.

오늘의 잠언 (15장 12절)

거만한 사람은 자기를 꾸짖는 사람을 좋아하지 않으며 지혜로운 사람에게 가지도 않는다.

★ 거만 : 잘난 체하며 남을 업신여기는 데가 있음. 비 거드름, 건방, 교만 반 겸손

위 구절의 뜻을 함께 생각해 볼까요?

잘난 척하는 것을 '교만'이라고 합니다. 교만한 사람은 반드시 거만하게 되어 있습니다. 남을 무시하면서 잘난 척을 하면 '거만'이 됩니다. 사람들은 누구나 교만하고 거만한 사람을 싫어합니다. 거만한 사람들은 자존심이 매우 세기 때문에 자그마한 일에도 화를 냅니다. 그래서 삶이 조금도 나아지지 않습니다. 기억하세요. 교만에는 멸망이 따르고 거만에는 몰락이 따릅니다.

★ 의미가 비슷한 구절이나 속담
- 교만한 사람에게는 부끄러움이 따르지만 겸손한 사람에게는 지혜가 따른다.(『잠언』 11:2)
- 교만에는 멸망이 따르고 거만에는 몰락이 따른다.(『잠언』 16:18)

내가 만든 잠언 (내가 만약 솔로몬이라면?)

1 낱말 바꿔 쓰기

거만한 사람은 자기를 꾸짖는 사람을 좋아하지 않으며 지혜로운 사람에게 가지도 않는다.
➡ (   ) 자기를 꾸짖는 사람을 좋아하지 않으며 지혜로운 사람에게 가지도 않는다.

2 구절 바꿔 쓰기

거만한 사람은 자기를 꾸짖는 사람을 좋아하지 않으며 지혜로운 사람에게 가지도 않는다.
➡ 거만한 사람은 자기를 꾸짖는 사람을 좋아하지 않으며
(   )

입으로 소리 내어 읽으면서 손으로 직접 써 보세요.

거만한 사람은 자기를 꾸짖는 사람을 좋아하지 않으며 지혜로운 사람에게 가지도 않는다.

내 삶에 적용하기

1 나는 어떤 '잘난 척'하기를 좋아하나요? 잘난 척하는 나의 마음은 어떤 마음인가요? 또 친구들은 나의 잘난 척을 어떻게 바라볼지 생각해 보고 적어 보세요.

2 오늘 잠언을 공부하며 깨달은 점이나 내 삶을 멋지게 변화시킬 작은 실천 사항을 한 가지 적어 보고 꼭 실천해 보세요. 나로부터 시작되는 작은 변화가 세상을 아름답게 변화시킬 수 있습니다.

14 너무 서두르지 말라

오늘의 잠언 (19장 2절)

지식 없이 열심히만 하는 것은 좋지 않으며
너무 서두르면 죄짓기 쉽다.

오늘의 잠언(19장 2절)

**지식 없이 열심히만 하는 것은 좋지 않으며
너무 서두르면 죄짓기 쉽다.**

★ 서두르다 : 일을 빨리 해치우려고 급하게 바삐 움직이다. [비] 다그치다 [반] 느긋하다

위 구절의 뜻을 함께 생각해 볼까요?

'열심히 하라'는 말을 많이 쓰고 듣곤 합니다. 하지만 '열심히'보다 더 중요한 것은 방향입니다. 방향이 잘못되었는데 열심히 한다면 큰일 납니다. 도둑놈이 도둑질을 열심히 하면 칭찬해 줘야 할까요? 잘못된 방향으로 열심히 한 것이니 오히려 벌을 받아야 합니다. 좋은 것을 열심히 해야 합니다. 열심히 하는 과정에서 너무 서두르지 마십시오. 실수하기 쉽고 실패하기 십상입니다. 무엇보다 서두르는 과정에서 상대방을 다그치기도 하면서 상처를 줄 수도 있습니다. 좋은 방향으로 열심히는 하되 서두르지 마세요.

★ 의미가 비슷한 구절이나 속담
• 아는 길도 물어 가라. • 돌다리도 두들겨 보고 건너라.

내가 만든 잠언(내가 만약 솔로몬이라면?)

1 낱말 바꿔 쓰기

지식 없이 열심히만 하는 것은 좋지 않으며 너무 서두르면 죄짓기 쉽다.
➡ 지식 없이 열심히만 하는 것은 좋지 않으며 너무 (   ) 죄짓기 쉽다.

2 구절 바꿔 쓰기

지식 없이 열심히만 하는 것은 좋지 않으며 너무 서두르면 죄짓기 쉽다.
➡ (   ) 좋지 않으며 너무 서두르면 죄짓기 쉽다.

입으로 소리 내어 읽으면서 손으로 직접 써 보세요.

지	식		없	이		열	심	히	만
하	는		것	은		좋	지		않
으	며		너	무		서	두	르	면
죄	짓	기		쉽	다	.			

내 삶에 적용하기

1 '너무 서두르면 죄짓기 쉽다'라고 했습니다. 너무 서둘렀을 때 어떤 죄를 지을 수 있을지 생각해 보고 적어 보세요.

2 오늘 잠언을 공부하며 깨달은 점이나 내 삶을 멋지게 변화시킬 작은 실천 사항을 한 가지 적어 보고 꼭 실천해 보세요. 나로부터 시작되는 작은 변화가 세상을 아름답게 변화시킬 수 있습니다.

15

행동을 보면 속마음이 보인다

오늘의 잠언 (20장 11절)

어린아이라도 그의 행동으로 그가 한 일이 깨끗한지 더러운지, 옳은지 그른지 알 수 있다.

오늘의 잠언(20장 11절)

어린아이라도 그의 행동으로 그가 한 일이 깨끗한지 더러운지, 옳은지 그른지 알 수 있다.

★ **그르다** : 어떤 기준에 비추어 보아 옳지 않다. 비 틀리다 반 옳다, 바르다

위 구절의 뜻을 함께 생각해 볼까요?

학교에서 똑같은 잘못이나 실수를 반복하는 친구들이 있습니다. 이런 친구들은 자신의 행동이 잘못된 행동이라는 것을 몰라서 그러는 것일까요? 아니면 알면서도 그러는 것일까요? 알면서도 그러는 것입니다. 사람은 어린아이라도 자신이 한 말과 행동이 옳은지 그른지 혹은 깨끗한지 더러운지 알고 있습니다. 내가 하는 말과 행동 중에 정말 몰라서 실수하는 경우보다는, 알고도 잘못된 행동을 하는 경우가 더 많습니다. 나의 말과 행동을 조심하십시오. 나의 마음은 보이지 않지만 나의 말과 행동은 보입니다.

★ **의미가 비슷한 구절이나 속담**
어린아이에게 바른 길을 가르치라. 그러면 나이 들어서도 그 길을 떠나지 않을 것이다.(『잠언』 22:6)

내가 만든 잠언(내가 만약 솔로몬이라면?)

1 낱말 바꿔 쓰기

어린아이라도 그의 행동으로 그가 한 일이 깨끗한지 더러운지, 옳은지 그른지 알 수 있다.

➡ 어린아이라도 그의 (   ) 그가 한 일이 깨끗한지 더러운지, 옳은지 그른지 알 수 있다.

2 구절 바꿔 쓰기

어린아이라도 그의 행동으로 그가 한 일이 깨끗한지 더러운지, 옳은지 그른지 알 수 있다.

➡ 어린아이라도 그의 행동으로 그가 한 일이 (   ) 알 수 있다.

 **입으로 소리 내어 읽으면서 손으로 직접 써 보세요.**

어	린	아	이	라	도		그	의	
행	동	으	로		그	가		한	
일	이		깨	끗	한	지		더	러
운	지		옳	은	지		그	른	지
알		수		있	다	.			

 **내 삶에 적용하기**

1 내가 오늘 했던 말이나 행동을 떠올려 봅시다. 오늘 했던 말이나 행동 중에 옳고 깨끗했던 것 한 가지, 그르고 더러웠던 것 한 가지를 찾아 적어 보세요.

_____
_____
_____

2 오늘 잠언을 공부하며 깨달은 점이나 내 삶을 멋지게 변화시킬 작은 실천 사항을 한 가지 적어 보고 꼭 실천해 보세요. 나로부터 시작되는 작은 변화가 세상을 아름답게 변화시킬 수 있습니다.

_____
_____
_____

16 계획의 중요성

오늘의 잠언 (20장 18절)

계획이 있어야 목표를 달성한다.
전쟁은 전략을 세워 놓고 하여라.

오늘의 잠언(20장 18절)

계획이 있어야 목표를 달성한다.
전쟁은 전략을 세워 놓고 하여라.

★ **전략** : 전쟁을 전반적으로 이끌어 가는 방법이나 책략. 비 책략, 전술

위 구절의 뜻을 함께 생각해 볼까요?

시험에서 100점을 받으려는 목표를 세웠다면 이 목표를 이루기 위해서 어떻게 해야 할까요? 이 목표를 이루기 위한 세부 계획을 세우고 그것을 실천해 가면 목표를 이룰 수 있을 것입니다. 대부분의 사람들은 목표가 있습니다. 하지만 거기에 맞는 계획이 없거나 실천을 하지 않기 때문에 목표를 이루지 못합니다. 나는 하루를 시작할 때 '오늘의 목표'를 세우고 시작하나요? 목표를 잘 세우는 사람이 인생을 허비하지 않고 성공적으로 살아갈 수 있습니다.

★ **의미가 비슷한 구절이나 속담**
일생의 계획은 어릴 때 세우고 일 년의 계획은 봄에 있고 하루의 계획은 아침에 있다.(『명심보감』 입교 편)

내가 만든 잠언(내가 만약 솔로몬이라면?)

1 낱말 바꿔 쓰기

계획이 있어야 목표를 달성한다. 전쟁은 전략을 세워 놓고 하여라.
➡ (   ) 있어야 목표를 달성한다. 전쟁은 전략을 세워 놓고 하여라.

2 구절 바꿔 쓰기

계획이 있어야 목표를 달성한다. 전쟁은 전략을 세워 놓고 하여라.
➡ 계획이 있어야 목표를 달성한다. (   )

# 입으로 소리 내어 읽으면서 손으로 직접 써 보세요.

계	획	이		있	어 야		목	표
를		달	성	한	다	.	전	쟁	은
전	략	을		세	워		놓	고
하	여	라	.					

# 내 삶에 적용하기

1 만약 어떤 나라가 전쟁을 하는데 전략(계획)이 없다면 승리할 수 있을까요? 내가 최근에 달성한 목표 중에 그 목표를 달성하기 위해 어떤 계획을 세우고 실천했는지 적어 보세요.

2 오늘 잠언을 공부하며 깨달은 점이나 내 삶을 멋지게 변화시킬 작은 실천 사항을 한 가지 적어 보고 꼭 실천해 보세요. 나로부터 시작되는 작은 변화가 세상을 아름답게 변화시킬 수 있습니다.

17 가난해도 올바르게 사는 사람

오늘의 잠언(28장 6절)

가난해도 올바르게 사는 사람이 추악하게 사는 부자보다 낫다.

오늘의 잠언(28장 6절)

**가난해도 올바르게 사는 사람이
추악하게 사는 부자보다 낫다.**

★ 추악 : 더럽고 흉악함. 비 악 반 순결

위 구절의 뜻을 함께 생각해 볼까요?

여론 조사에서 '10억을 준다면 죄를 짓고 감옥에 들어가도 괜찮은가?'라는 질문에 초등학생 17%, 중학생 39%, 고등학생 56%가 '그렇다'라고 긍정적인 답변을 했습니다. 우리 사회가 얼마나 돈을 좋아하고 사랑하는지를 보여주는 단적인 예라고 봅니다. 여러분은 어떻게 생각하세요? 올바르게 살면서 가난한 것과 남의 것을 빼앗고 추악하게 번 돈으로 부자로 사는 것 중 어떤 것을 선택하겠습니까? 잠언은 '가난해도 올바르게 사는 사람이 추악하게 사는 부자보다 낫다'라고 말합니다. 나는 무엇이 낫다고 생각하나요?

★ 의미가 비슷한 구절이나 속담
세상에는 부끄러워해야 할 부가 있듯이 떳떳한 가난이 있다.

내가 만든 잠언(내가 만약 솔로몬이라면?)

1 낱말 바꿔 쓰기

가난해도 올바르게 사는 사람이 추악하게 사는 부자보다 낫다.

➡ 가난해도 (   ) 사람이 추악하게 사는 부자보다 낫다.

2 구절 바꿔 쓰기

가난해도 올바르게 사는 사람이 추악하게 사는 부자보다 낫다.

➡ 가난해도 올바르게 사는 사람이 (   )

입으로 소리 내어 읽으면서 손으로 직접 써 보세요.

가	난	해	도		올	바	르	게
사	는		사	람	이		추	악	하
게		사	는		부	자	보	다
낫	다	.						

내 삶에 적용하기

1 '추악한 부자'는 어떤 부자를 말하는 것일까요? 나는 어떤 부자가 되고 싶은지도 적어 보세요.

2 오늘 잠언을 공부하며 깨달은 점이나 내 삶을 멋지게 변화시킬 작은 실천 사항을 한 가지 적어 보고 꼭 실천해 보세요. 나로부터 시작되는 작은 변화가 세상을 아름답게 변화시킬 수 있습니다.

18. 벼락부자가 되려는 사람

오늘의 잠언 (28장 22절)

벼락부자가 되려는 사람은 죄악에 눈이 어두워 가난이 자기에게 닥칠 것을 깨닫지 못한다.

오늘의 잠언(28장 22절)

벼락부자가 되려는 사람은 죄악에 눈이 어두워
가난이 자기에게 닥칠 것을 깨닫지 못한다.

★ **벼락부자** : 갑자기 된 부자.　비 졸부　반 벼락거지

위 구절의 뜻을 함께 생각해 볼까요?

로또 복권 1등 당첨 확률은 무려 8,145,060분의 1이라고 합니다. 벼락 맞아서 죽을 확률보다 낮습니다. 이렇게 당첨 확률이 낮은 로또 복권을 많은 사람들이 사는 이유는 무엇일까요? 바로 '벼락부자가 되고 싶어서'입니다. 벼락부자는 자신의 노력과는 관계없이 어느 날 갑자기 운 좋게 부자가 된 사람을 이르는 말입니다. 하지만 로또 1등에 당첨이 되더라도 가정이 깨지거나 사업을 하다가 망해서 당첨되기 전보다 더 안 좋은 처지에 처하는 경우도 많습니다. 이런 경우를 보면 오늘 잠언의 가르침이 맞는 것 같습니다.

★ **의미가 비슷한 구절이나 속담**
• 쉽게 번 돈 쉽게 나간다.　• 큰 부자는 하늘에 달렸고, 작은 부자는 부지런함에 달렸다.

내가 만든 잠언(내가 만약 솔로몬이라면?)

1 낱말 바꿔 쓰기

벼락부자가 되려는 사람은 죄악에 눈이 어두워 가난이 자기에게 닥칠 것을 깨닫지 못한다.

➡ (　　　　　　　　　　　　　) 되려는 사람은 죄악에 눈이 어두워
가난이 자기에게 닥칠 것을 깨닫지 못한다.

2 구절 바꿔 쓰기

벼락부자가 되려는 사람은 죄악에 눈이 어두워 가난이 자기에게 닥칠 것을 깨닫지 못한다.

➡ 벼락부자가 되려는 사람은 (　　　　　　　　　　　　　　　)
가난이 자기에게 닥칠 것을 깨닫지 못한다.

 **입으로 소리 내어 읽으면서 손으로 직접 써 보세요.**

벼	락	부	자	가		되	려	는	
사	람	은		죄	악	에		눈	이
어	두	워		가	난	이		자	기
에	게		닥	칠		것	을		깨
닫	지		못	한	다	.			

 **내 삶에 적용하기**

1 부자가 되고자 한다면 벼락부자를 꿈꾸지 말고 정직한 부자가 되기를 바랍니다. 정직한 부자가 되기 위해서는 어떻게 해야 할지 생각해 보고 한두 가지 정도만 적어 보세요.

2 오늘 잠언을 공부하며 깨달은 점이나 내 삶을 멋지게 변화시킬 작은 실천 사항을 한 가지 적어 보고 꼭 실천해 보세요. 나로부터 시작되는 작은 변화가 세상을 아름답게 변화시킬 수 있습니다.

여러분이 만약 죽음을 앞둔 사람이라면 마지막으로 무엇을 보고 싶겠습니까? 평생 모으려고 애썼던 돈이나 자신이 아꼈던 값비싼 물건을 보고 싶어 할까요? 아마 대부분의 사람들은 자신이 사랑하는 가족이나 친구를 보고 싶어 할 것입니다. 자신의 가족이나 친구를 보며 더 많이 사랑하지 못한 것을 안타까워하고 미안해할 것입니다. 이렇듯 사람에게 가장 소중한 것은 다름 아닌 다른 사람들과의 '관계'입니다.

미국의 카네기 공과 대학교에서 인생을 실패한 사람 10,000명을 대상으로 조사한 바에 따르면 무려 85%에 달하는 사람이 인생의 가장 큰 실패 원인으로 '원만하지 못한 인간관계'를 꼽았다고 합니다. 우리는 흔히 돈, 외모, 학벌, 가정 형편 등을 중요하게 생각하지만, 실제로는 '관계'가 인생의 성공 요소에서 높은 비중을 차지합니다.

다른 사람들과 좋은 관계를 맺은 사람은 행복하고 즐겁게 인생을 살아갈 수 있습니다. 관계가 좋은 사람은 자신이 꽤 괜찮은 사람이라고 생각하는 자존감이 높은 삶을 살 수 있고 높은 성취감도 맛볼 수 있습니다. 하지만 다른 사람들과의 관계가 좋지 않은 사람은 인생을 불행하고 외롭게 살아갑니다. 관계가 나쁜 사람은 자신이 한없이 쓸모없는 사람이라는 생각으로 자존감이 바닥을 치는, 비참한 인생을 살아갈 수밖에 없습니다.

그럼 다른 사람들과 좋은 관계를 맺으면서 살기 위해서는 어떻게 해야 할까요? 비난보다는 칭찬해 주고, 부족한 점은 채워 주고, 허물은 들추지 말고 덮어 주세요. 비밀은 지켜 주고 실수는 감춰 주며 장점은 말해 주세요. 상대를 인정하고 감사와 사랑을 말로 표현하고 사과할 일이 있다면 진심을 담아 사과하세요.

'사랑이 있는 곳에서 풀을 먹으며 사는 것이 서로 미워하면서 살진 송아지를 먹는 것보다 낫다.(『잠언』 15장 17절)'

잠언의 이 구절은 관계의 중요성을 가장 잘 보여 주는 구절입니다. 아무리 맛있는 스테이크도 관계가 좋은 사람과 먹어야 맛있습니다. 만약 관계가 껄끄러운 사람과 스테이크를 먹는다면 그 스테이크는 고무를 씹는 맛일 것입니다. 사람들은 자꾸 얼마나 비싸고 맛있는 것을 먹느냐에 관심을 갖지만 실상 더 중요한 것은 누구와 먹느냐가 더 중요한 것입니다. 사랑하는 사람과 먹는 풀떼기가 관계가 나쁜 사람과 먹는 최고급 스테이크보다 더 나을 수 있다는 것을 꼭 기억하시길 바랍니다.

3장

인간관계
관계의 소중함을 깨닫기

19 네 아버지의 교훈을 잘 듣고

오늘의 잠언 (1장 8절)
네 아버지의 교훈을 잘 듣고
네 어머니의 가르침을 버리지 마라.

오늘의 잠언(1장 8절)

네 아버지의 교훈을 잘 듣고
네 어머니의 가르침을 버리지 마라.

★ **교훈** : 앞으로의 행동이나 생활에 지침이 될 만한 가르침.   비 가르침

위 구절의 뜻을 함께 생각해 볼까요?

사자소학 구절 '부생아신 모국오신(父生我身 母鞠吾身)'이란 구절을 알고 있는 친구들도 있을 것입니다. 이 뜻은 '아버지는 내 몸을 낳으시고, 어머니는 내 몸을 기르셨다'라는 뜻입니다. 부모님은 나를 낳아 주시고 길러 주신 분입니다. 부모님이 없었다면 나는 이 세상에 존재할 수 없습니다. 그런 부모님의 교훈과 가르침을 잘 따르는 것은 너무나도 당연하지 않을까요?

★ **의미가 비슷한 구절이나 속담**
너를 낳은 네 아버지의 말을 잘 듣고 네 어머니가 늙더라도 무시하지 마라.(『잠언』 23:22)

내가 만든 잠언(내가 만약 솔로몬이라면?)

1 낱말 바꿔 쓰기

네 아버지의 교훈을 잘 듣고, 네 어머니의 가르침을 버리지 마라.
➡ 네 아버지의 (   )을 잘 듣고, 네 어머니의 (   )을 버리지 마라.

2 구절 바꿔 쓰기

네 아버지의 교훈을 잘 듣고, 네 어머니의 가르침을 버리지 마라.
➡ (   ) 잘 듣고, (   ) 버리지 마라.

입으로 소리 내어 읽으면서 손으로 직접 써 보세요.

네		아	버	지	의		교	훈	을
잘		듣	고		네		어	머	니
의		가	르	침	을		버	리	지
마	라	.							

내 삶에 적용하기

1 아버지나 어머니의 가르침 중에서 가장 기억에 남는 가르침이 있다면 적어 보세요. 그리고 그 가르침이 왜 기억에 남는지 이유나 까닭도 적어 보세요.

- 가장 기억에 남는 가르침 :
- 기억에 남는 이유나 까닭 :

2 오늘 잠언을 공부하며 깨달은 점이나 내 삶을 멋지게 변화시킬 작은 실천 사항을 한 가지 적어 보고 꼭 실천해 보세요. 나로부터 시작되는 작은 변화가 세상을 아름답게 변화시킬 수 있습니다.

20. 신중함과 함께 사는 지혜

오늘의 잠언 (8장 12절)

지혜는 신중함과 함께 살며 재치가 있고
창의적인 지식을 소유하고 있다.

오늘의 잠언(8장 12절)

지혜는 신중함과 함께 살며 재치가 있고
창의적인 지식을 소유하고 있다.

★ 재치 : 능숙한 재주나 능란한 솜씨나 말씨. 비 기지, 슬기

위 구절의 뜻을 함께 생각해 볼까요?

지혜로운 사람은 보통 사람보다는 조금 남다른 면이 있고 뭔가 특별해 보입니다. 때문에 사람은 누구나 지혜로운 사람이 되고 싶어 합니다. 그런데 어떻게 하면 지혜로운 사람이 될 수 있을까요? 잠언에서 지혜는 신중함과 함께 산다고 말합니다. 신중한 사람에게 지혜가 있다는 말입니다. 말이나 행동을 하기 전 신중하게 처신한다면 지혜로운 사람이라 말할 수 있습니다. 나는 지혜로운 사람인가요?

★ 의미가 비슷한 구절이나 속담
  • 돌다리도 두들겨 보고 건너라. 아는 길도 물어 가랬다. • 구슬이 서 말이라도 꿰어야 보배다.

내가 만든 잠언(내가 만약 솔로몬이라면?)

1 낱말 바꿔 쓰기

지혜는 신중함과 함께 살며 재치가 있고 창의적인 지식을 소유하고 있다.

➡ 지혜는 (   )과 함께 살며 재치가 있고 창의적인 지식을 소유하고 있다.

2 구절 바꿔 쓰기

지혜는 신중함과 함께 살며 재치가 있고 창의적인 지식을 소유하고 있다.

➡ 지혜는 신중함과 함께 살며 재치가 있고 (   )

입으로 소리 내어 읽으면서 손으로 직접 써 보세요.

지	혜	는		신	중	함	과		함
께		살	며		재	치	가		있
고		창	의	적	인		지	식	을
소	유	하	고		있	다	.		

내 삶에 적용하기

1 지혜는 신중할 때 생긴다고 했습니다. 나는 신중한 편인가요? 아니면 덜렁거리나요? 신중해지기 위해서는 어떻게 해야 하는지 방법을 한두 가지 적어 보세요.

_____
_____
_____

2 오늘 잠언을 공부하며 깨달은 점이나 내 삶을 멋지게 변화시킬 작은 실천 사항을 한 가지 적어 보고 꼭 실천해 보세요. 나로부터 시작되는 작은 변화가 세상을 아름답게 변화시킬 수 있습니다.

_____
_____
_____

21. 책망하면 안 되는 사람

오늘의 잠언(9장 7절)

냉소적인 사람을 책망하는 사람은 부끄러움을 당하고 악한 사람을 꾸짖는 사람은 오히려 비난을 받는다.

오늘의 잠언(9장 7절)

냉소적인 사람을 책망하는 사람은 부끄러움을 당하고 악한 사람을 꾸짖는 사람은 오히려 비난을 받는다.

★ 냉소적인 : 쌀쌀한 태도로 업신여기어 비웃는. 비 쌀쌀한, 비웃는 반 따뜻한

위 구절의 뜻을 함께 생각해 볼까요?

남의 잘못이나 허물은 잘 보이지만 나의 잘못이나 허물은 잘 보지 못합니다. 그 때문에 사람은 남을 비난하거나 책망은 잘합니다. 하지만 사람은 누구나 비난받거나 책망받는 것을 싫어합니다. 더구나 상대가 냉소적인 사람이거나 악한 사람이라면 더욱 그렇습니다. 행여 이런 사람들을 꾸짖는다면 나에게 돌아오는 것은 더 큰 비난과 부끄러움뿐입니다. 아무리 친한 친구라도 상대에게 잘못되었다고 책망하거나 고쳐 주려고 하는 행동은 삼가세요. 그 친구와 관계만 나빠집니다.

★ 의미가 비슷한 구절이나 속담
매우 어리석은 사람도 다른 사람을 탓할 때는 똑똑하다.(『명심보감』 존심 편)

내가 만든 잠언(내가 만약 솔로몬이라면?)

1 낱말 바꿔 쓰기

냉소적인 사람을 책망하는 사람은 부끄러움을 당하고 악한 사람을 꾸짖는 사람은 오히려 비난을 받는다.

➡ 냉소적인 사람을 책망하는 사람은 (　　　　　) 당하고
악한 사람을 꾸짖는 사람은 오히려 비난을 받는다.

2 구절 바꿔 쓰기

냉소적인 사람을 책망하는 사람은 부끄러움을 당하고 악한 사람을 꾸짖는 사람은 오히려 비난을 받는다.

➡ 냉소적인 사람을 책망하는 사람은 부끄러움을 당하고
악한 사람을 꾸짖는 사람은 (　　　　　　　　　)

입으로 소리 내어 읽으면서 손으로 직접 써 보세요.

냉	소	적	인		사	람	을		책
망	하	는			사	람	은		부	끄
러	움	을			당	하	고		악	한
사	람	을			꾸	짖	는		사	람
은		오	히	려		비	난	을
받	는	다	.

내 삶에 적용하기

1 누군가로부터 책망이나 비난을 받으면 나는 어떤 태도를 취하나요? 그때의 나의 모습을 생각해 보고 적어 보세요.

2 오늘 잠언을 공부하며 깨달은 점이나 내 삶을 멋지게 변화시킬 작은 실천 사항을 한 가지 적어 보고 꼭 실천해 보세요. 나로부터 시작되는 작은 변화가 세상을 아름답게 변화시킬 수 있습니다.

22 조언에 귀를 기울이는 사람

오늘의 잠언 (12장 15절)

바보는 자기 길이 옳다고 하지만 지혜로운 사람은 조언에 귀를 기울인다.

> **오늘의 잠언(12장 15절)**
>
> 바보는 자기 길이 옳다고 하지만 지혜로운 사람은 조언에 귀를 기울인다.
>
> ★ 조언 : 도움을 주는 말.   비 간언, 도움말, 충고

 ## 위 구절의 뜻을 함께 생각해 볼까요?

우리 속담에 '백지장도 맞들면 낫다'라는 말이 있습니다. 아무리 쉬운 일도 혼자 하는 것보다 여럿이 힘을 합하면 더 쉽게 할 수 있다는 말입니다. 아무리 똑똑한 사람도 여러 사람이 힘을 모은 지혜를 당해낼 수 없습니다. 바보는 자기가 제일이라 착각하고 자기만 옳다고 생각하는 사람입니다. 하지만 지혜로운 사람은 다른 사람의 조언에 귀를 기울입니다. 나 혼자의 생각보다 다른 여러 사람의 생각이 더해질 때 더욱 좋은 생각이 떠오르는 것을 알기 때문입니다. 나는 어떤 사람인가요?

★ **의미가 비슷한 구절이나 속담**
백지장도 맞들면 낫다.

 ## 내가 만든 잠언(내가 만약 솔로몬이라면?)

① 낱말 바꿔 쓰기

바보는 자기 길이 옳다고 하지만 지혜로운 사람은 조언에 귀를 기울인다.

➡ (   ) 자기 길이 옳다고 하지만 지혜로운 사람은 조언에 귀를 기울인다.

② 구절 바꿔 쓰기

바보는 자기 길이 옳다고 하지만 지혜로운 사람은 조언에 귀를 기울인다.

➡ 바보는 자기 길이 옳다고 하지만 지혜로운 사람은 (   )

입으로 소리 내어 읽으면서 손으로 직접 써 보세요.

바	보	는		자	기		길	이	
옳	다	고		하	지	만		지	혜
로	운		사	람	은		조	언	에
귀	를		기	울	인	다	.		

내 삶에 적용하기

1 바보처럼 내 주장만 하다가 낭패를 본 경험이나 다른 사람의 조언에 귀를 기울여 문제를 잘 해결한 경험이 있다면 적어 보세요.

_____
_____
_____

2 오늘 잠언을 공부하며 깨달은 점이나 내 삶을 멋지게 변화시킬 작은 실천 사항을 한 가지 적어 보고 꼭 실천해 보세요. 나로부터 시작되는 작은 변화가 세상을 아름답게 변화시킬 수 있습니다.

_____
_____
_____

23 부드러우면서도 날카로운 혀

오늘의 잠언 (12장 18절)

칼로 찌르는 듯 아픔을 주는 말이 있으나
지혜로운 사람의 혀는 병을 고친다.

오늘의 잠언(12장 18절)

칼로 찌르는 듯 아픔을 주는 말이 있으나
지혜로운 사람의 혀는 병을 고친다.

★ **아픔** : 육체적으로나 정신적으로 괴로운 느낌.   비 고통, 괴로움

위 구절의 뜻을 함께 생각해 볼까요?

우리 몸에서 혀처럼 부드러운 신체도 없습니다. 부드러운 혀에서 만들어지는 부드러운 말은 많은 사람의 병을 고쳐 주기도 합니다. 하지만 혀는 칼보다 더 날카롭기도 합니다. 날카롭고 아픔을 주는 말을 뱉어낼 때 우리의 혀는 칼보다 더 무섭습니다. 칼로 베인 상처는 시간이 지나면 흉터가 남지만 더 이상 아프지는 않습니다. 하지만 혀에 베인 상처는 시간이 지나도 잘 아물지 않고 계속 아픕니다. 내가 오늘 무심코 내뱉은 말 때문에 누군가는 깊은 상처를 받았을지도 모릅니다.

★ 의미가 비슷한 구절이나 속담
- 제일 날카로운 칼은 사람의 혀다.   • 악한 말은 사람에게 상처를 주어 유월의 더위도 춥게 한다.

내가 만든 잠언(내가 만약 솔로몬이라면?)

1 낱말 바꿔 쓰기

칼로 찌르는 듯 아픔을 주는 말이 있으나 지혜로운 사람의 혀는 병을 고친다.

➡ 칼로 찌르는 듯 아픔을 주는 말이 있으나 (   ) 사람의 혀는 병을 고친다.

2 구절 바꿔 쓰기

칼로 찌르는 듯 아픔을 주는 말이 있으나 지혜로운 사람의 혀는 병을 고친다.

➡ 칼로 찌르는 듯 (   ) 지혜로운 사람의 혀는 병을 고친다.

입으로 소리 내어 읽으면서 손으로 직접 써 보세요.

칼	로		찌	르	는		듯		아
픔	을		주	는		말	이		있
으	나		지	혜	로	운		사	람
의		혀	는		병	을		고	친
다	.								

내 삶에 적용하기

1 '칼로 찌르는 듯 아픔을 주는 말'이 있다고 했습니다. 이런 말의 세 가지 예시를 들어 보고 그 이유도 적어 보세요.

2 오늘 잠언을 공부하며 깨달은 점이나 내 삶을 멋지게 변화시킬 작은 실천 사항을 한 가지 적어 보고 꼭 실천해 보세요. 나로부터 시작되는 작은 변화가 세상을 아름답게 변화시킬 수 있습니다.

24. 말을 함부로 하는 사람

오늘의 잠언(13장 3절)

말을 조심하는 사람은 생명을 지키지만
말을 함부로 하는 사람은 망하게 된다.

오늘의 잠언(13장 3절)

말을 조심하는 사람은 생명을 지키지만
말을 함부로 하는 사람은 망하게 된다.

★ **함부로** : 조심하거나 깊이 생각하지 아니하고 마음 내키는 대로 마구. 비 감히, 마구   반 조심스럽게

위 구절의 뜻을 함께 생각해 볼까요?

부모님이나 선생님으로부터 가장 많이 듣는 말 중에 하나가 '말조심해라'일 것입니다. 잠언에서도 유독 말과 관련된 구절들이 많습니다. 말을 조심하면 생명을 지킬 수 있지만, 말을 함부로 했다가는 목숨을 잃거나 한순간에 망할 수 있습니다. 음식에 소금이 꼭 들어가야 맛이 나듯 꼭 필요한 소금과 같은 말을 하십시오. 음식에 소금이 너무 안 들어가면 싱거워서 맛이 없고, 음식에 소금이 너무 많이 들어가면 짜서 먹을 수가 없습니다. 말도 그렇습니다.

★ 의미가 비슷한 구절이나 속담
　말이 많으면 죄를 짓기 쉽지만 말을 조심하는 사람은 지혜롭다.(『잠언』 10:19)

내가 만든 잠언(내가 만약 솔로몬이라면?)

1 낱말 바꿔 쓰기

말을 조심하는 사람은 생명을 지키지만 말을 함부로 하는 사람은 망하게 된다.
➡ (　　　　　)을 조심하는 사람은 생명을 지키지만
　(　　　　　)을 함부로 하는 사람은 망하게 된다.

2 구절 바꿔 쓰기

말을 조심하는 사람은 생명을 지키지만 말을 함부로 하는 사람은 망하게 된다.
➡ 말을 조심하는 사람은 (　　　　　　　　)
　말을 함부로 하는 사람은 망하게 된다.

입으로 소리 내어 읽으면서 손으로 직접 써 보세요.

말을 조심하는 사람은 생명을 지키지만 말을 함부로 하는 사람은 망하게 된다.

내 삶에 적용하기

1 말을 조심하는 사람은 생명을 지킨다고 했습니다. 말을 조심하기 위해서는 어떻게 해야 하는지 적어 보세요.

2 오늘 잠언을 공부하며 깨달은 점이나 내 삶을 멋지게 변화시킬 작은 실천 사항을 한 가지 적어 보고 꼭 실천해 보세요. 나로부터 시작되는 작은 변화가 세상을 아름답게 변화시킬 수 있습니다.

25. 뼈를 썩게 하는 질투심

오늘의 잠언 (14장 30절)

평온한 마음은 육체에 생명이 되지만
질투심은 뼈를 썩게 한다.

오늘의 잠언(14장 30절)

**평온한 마음은 육체에 생명이 되지만
질투심은 뼈를 썩게 한다.**

★ 평온 : 조용하고 편안함. 비 안온, 정온, 평안 반 불안

위 구절의 뜻을 함께 생각해 볼까요?

다른 사람이 잘되거나 좋은 처지에 있는 것 따위를 괜히 미워하고 깎아내리려고 하는 마음을 '질투심'이라고 합니다. 사람이라면 정도의 차이는 있을 뿐, 누구나 질투심이 있기 마련입니다. 질투심은 왜 생기는 것일까요? 내가 가진 것에 감사하지 못하고 남이 가진 것을 부러워할 때 생깁니다. 질투심을 느끼는 순간 내 마음은 지옥이 됩니다. 심지어 뼈를 썩게 합니다. 불행이 시작됩니다. 질투심은 빨리 떨쳐버리는 것이 좋습니다. 그러기 위해서는 항상 감사하는 마음을 잃지 마시기 바랍니다.

★ 의미가 비슷한 구절이나 속담
  사촌이 땅을 사면 배가 아프다.

내가 만든 잠언(내가 만약 솔로몬이라면?)

1 낱말 바꿔 쓰기

평온한 마음은 육체에 생명이 되지만 질투심은 뼈를 썩게 한다.

➡ 평온한 마음은 육체에 생명이 되지만 (   )은 뼈를 썩게 한다.

2 구절 바꿔 쓰기

평온한 마음은 육체에 생명이 되지만 질투심은 뼈를 썩게 한다.

➡ 평온한 마음은 (   ) 질투심은 뼈를 썩게 한다.

 **입으로 소리 내어 읽으면서 손으로 직접 써 보세요.**

평	온	한		마	음	은		육	체
에		생	명	이		되	지	만	
질	투	심	은		뼈	를		썩	게
한	다	.							

 **내 삶에 적용하기**

1 질투심은 뼈를 썩게 한다고 했습니다. 나는 어떤 상황에서 질투심을 잘 느끼는지 생각해 보세요. 그리고 그 질투심의 원인은 무엇이라고 생각하는지 적어 보세요.

2 오늘 잠언을 공부하며 깨달은 점이나 내 삶을 멋지게 변화시킬 작은 실천 사항을 한 가지 적어 보고 꼭 실천해 보세요. 나로부터 시작되는 작은 변화가 세상을 아름답게 변화시킬 수 있습니다.

26 가난한 사람을 억압하는 사람

오늘의 잠언(14장 31절)

가난한 사람을 억압하는 사람은
그를 지으신 분을 비난하는 것이다.

오늘의 잠언(14장 31절)

가난한 사람을 억압하는 사람은
그를 지으신 분을 비난하는 것이다.

★ **억압** : 자기의 뜻대로 자유롭게 행동하지 못하도록 억지로 억누름.   비 강압, 고압

위 구절의 뜻을 함께 생각해 볼까요?

가난한 사람을 불쌍히 여기고 도와주어야 한다고 합니다. 왜 그래야 할까요? 단순히 불쌍하고 그것이 착한 일이기 때문일까요? 잠언에서는 가난한 사람도 하나님이 지으셨기 때문에 가난한 사람을 무시하고 억압하는 사람은 하나님을 비난하는 것이라고 말합니다. 반대로 가난한 사람을 불쌍히 여기고 잘 대해 주면 하나님께 잘 대해 주는 것이나 다름없습니다. 불쌍한 사람을 보면 어떤 마음이 드나요? 불쌍히 여기고 도와주세요. 그러면 하나님이 갚아 주십니다.

★ **의미가 비슷한 구절이나 속담**
- 궁핍한 사람에게 친절을 베푸는 사람은 하나님을 높여 드리는 것이다.(『잠언』 14:31)
- 가난한 사람을 불쌍히 여기는 것은 여호와께 꾸이는 것이니 그 선행을 갚아 주시리라.(『잠언』 19:17)

내가 만든 잠언(내가 만약 솔로몬이라면?)

1 낱말 바꿔 쓰기

가난한 사람을 억압하는 사람은 그를 지으신 분을 비난하는 것이다.

➡ 가난한 사람을 (   ) 사람은 그를 지으신 분을 비난하는 것이다.

2 구절 바꿔 쓰기

가난한 사람을 억압하는 사람은 그를 지으신 분을 비난하는 것이다.

➡ 가난한 사람을 억압하는 사람은 (   )

입으로 소리 내어 읽으면서 손으로 직접 써 보세요.

가	난	한		사	람	을		억	압
하	는			사	람	은		그	를
지	으	신		분	을		비	난	하
는		것	이	다	.				

내 삶에 적용하기

1 가난한 사람을 왜 도와줘야 한다고 생각하나요? 또 가난한 사람을 도와주면 나에게 어떤 유익이 있는지 생각해 보고 적어 보세요.

_____
_____
_____

2 오늘 잠언을 공부하며 깨달은 점이나 내 삶을 멋지게 변화시킬 작은 실천 사항을 한 가지 적어 보고 꼭 실천해 보세요. 나로부터 시작되는 작은 변화가 세상을 아름답게 변화시킬 수 있습니다.

_____
_____
_____

27 어리석은 사람과 현명한 사람

오늘의 잠언(15장 5절)
어리석은 사람은 아버지의 훈계를 무시하지만
현명한 사람은 꾸지람을 받아들인다.

오늘의 잠언(15장 5절)

**어리석은 사람은 아버지의 훈계를 무시하지만
현명한 사람은 꾸지람을 받아들인다.**

★ 훈계 : 일러 잘못이 없도록 주의를 줌.　비 주의, 경계

 ### 위 구절의 뜻을 함께 생각해 볼까요?

'훈계'는 잘못을 타이르고 주의를 주는 것을 말합니다. 여러분에게 훈계하는 사람은 누구인가요? 아마 부모님과 선생님 정도일 것입니다. 훈계는 듣는 사람이 받아들이지 않으면 '잔소리'로 전락합니다. 하지만 훈계는 나에게 관심이 있고 사랑하는 사람이 한다는 사실을 기억하십시오. 그러면 그 훈계가 잔소리로만 들리지 않을 것입니다. 훈계를 무시하지 않고 받아들이는 사람은 현명하고 훌륭한 사람이 될 수 있습니다.

★ 의미가 비슷한 구절이나 속담
　아버지를 조롱하고 어머니에게 순종하는 것을 비웃는 사람은 골짜기의 까마귀들이 그 눈을 파낼 것이요, 독수리 새끼가 그것을 먹을 것이다.(『잠언』 30:17)

 ### 내가 만든 잠언(내가 만약 솔로몬이라면?)

1 낱말 바꿔 쓰기

어리석은 사람은 아버지의 훈계를 무시하지만 현명한 사람은 꾸지람을 받아들인다.
➡ (　　　　　　　　)은 아버지의 훈계를 무시하지만 현명한 사람은 꾸지람을 받아들인다.

2 구절 바꿔 쓰기

어리석은 사람은 아버지의 훈계를 무시하지만 현명한 사람은 꾸지람을 받아들인다.
➡ 어리석은 사람은 아버지의 훈계를 무시하지만
　현명한 사람은 (　　　　　　　　　　)

입으로 소리 내어 읽으면서 손으로 직접 써 보세요.

어리석은 사람은 아버지의 훈계를 무시하지만 현명한 사람은 꾸지람을 받아들인다.

내 삶에 적용하기

1 최근에 부모님께 받았던 꾸지람 중 기억에 남는 꾸지람은 무엇인가요? 그 꾸지람을 받아들였는지, 아니면 잔소리로 치부하고 흘려보냈는지 생각해 보고 적어 보세요.

2 오늘 잠언을 공부하며 깨달은 점이나 내 삶을 멋지게 변화시킬 작은 실천 사항을 한 가지 적어 보고 꼭 실천해 보세요. 나로부터 시작되는 작은 변화가 세상을 아름답게 변화시킬 수 있습니다.

28. 서로 미워하면서 스테이크를 먹으면?

오늘의 잠언(15장 17절)

사랑이 있는 곳에서 풀을 먹으며 사는 것이 서로 미워하면서 살진 송아지를 먹는 것보다 낫다.

오늘의 잠언(15장 17절)

사랑이 있는 곳에서 풀을 먹으며 사는 것이
서로 미워하면서 살진 송아지를 먹는 것보다 낫다.

★ 살지다 : 살이 많고 튼실하다.   비 기름지다, 뚱뚱하다   반 마르다

위 구절의 뜻을 함께 생각해 볼까요?

돈으로 큰 집은 살 수 있지만 행복한 가정은 살 수 없습니다. 사람들은 넓고 좋은 집에서 살기 위해 열심히 노력하고 일을 합니다. 하지만 넓고 좋은 집보다 더 중요한 것은 가족들과의 관계입니다. 관계가 좋지 못한 사람과 한집에서 사는 것은 그 곳이 아무리 좋고 넓은 집이라도 지옥과 다를 바 없습니다. 사람들은 맛있는 스테이크를 좋아하지만 사랑하는 사람과 먹을 때 그 스테이크가 맛있는 법입니다. 미워하는 사람과 스테이크를 먹느니 혼자 밥에 물 말아서 김치와 먹는 것이 더 맛있습니다.

★ 의미가 비슷한 구절이나 속담
잘 다투는 아내와 넓은 집에서 사는 것보다 지붕 한 모퉁이에서 혼자 사는 게 낫다.(『잠언』 25:24)

내가 만든 잠언(내가 만약 솔로몬이라면?)

1 낱말 바꿔 쓰기

사랑이 있는 곳에서 풀을 먹으며 사는 것이 서로 미워하면서 살진 송아지를 먹는 것보다 낫다.
➡ 사랑이 있는 곳에서 (   )을 먹으며 사는 것이
　서로 미워하면서 살진 송아지를 먹는 것보다 낫다.

2 구절 바꿔 쓰기

사랑이 있는 곳에서 풀을 먹으며 사는 것이 서로 미워하면서 살진 송아지를 먹는 것보다 낫다.
➡ 사랑이 있는 곳에서 풀을 먹으며 사는 것이
　서로 미워하면서 (   )

 **입으로 소리 내어 읽으면서 손으로 직접 써 보세요.**

사	랑	이		있	는		곳	에	서
풀	을		먹	으	며		사	는	
것	이		서	로		미	워	하	면
서		살	진		송	아	지	를	
먹	는		것	보	다		낫	다	.

 **내 삶에 적용하기**

1 최근에 맛있게 먹은 음식을 떠올려 보세요. 그 음식을 누구와 같이 먹었나요? 만약 그 음식을 사이가 가장 안 좋은 사람과 먹는다고 상상해 보세요. 그 음식 맛이 어떨지 생각해 보고 적어 보세요.

---

2 오늘 잠언을 공부하며 깨달은 점이나 내 삶을 멋지게 변화시킬 작은 실천 사항을 한 가지 적어 보고 꼭 실천해 보세요. 나로부터 시작되는 작은 변화가 세상을 아름답게 변화시킬 수 있습니다.

---

29 허물을 덮어 주는 것

오늘의 잠언 (17장 9절)

허물을 덮어 주는 것은 사랑을 구하는 것이요, 문제를 자꾸 들추어내는 사람은 가까운 친구를 갈라놓는다.

오늘의 잠언(17장 9절)

허물을 덮어 주는 것은 사랑을 구하는 것이요, 문제를 자꾸 들추어내는 사람은 가까운 친구를 갈라놓는다.

★ 허물 : 잘못 저지른 실수.   비 실수, 잘못

위 구절의 뜻을 함께 생각해 볼까요?

사람은 누구나 잘못을 하기 마련입니다. 어떤 사람은 그 잘못을 용서하고 덮어 줍니다. 그 사람은 나를 사랑하는 사람입니다. 하지만 어떤 사람은 내 잘못을 자꾸 들추어내고 잊을 만하면 또 상기시켜 주곤 합니다. 이 사람은 나를 미워하는 사람입니다. 사람은 흔히 자신의 허물은 잘 보지 못하고 남의 허물만을 보고 비난하곤 합니다. 자신을 용서하는 마음으로 다른 사람을 용서하십시오. 그러면 어디를 가든 환영받는 사람이 될 것입니다.

★ 의미가 비슷한 구절이나 속담
매우 어리석은 사람도 다른 사람을 탓할 때는 똑똑하다.(『명심보감』 존심 편)

내가 만든 잠언(내가 만약 솔로몬이라면?)

1 낱말 바꿔 쓰기

허물을 덮어 주는 것은 사랑을 구하는 것이요, 문제를 자꾸 들추어내는 사람은 가까운 친구를 갈라놓는다.

➡ 허물을 덮어 주는 것은 (　　　　　　)을 구하는 것이요,
　문제를 자꾸 들추어내는 사람은 가까운 친구를 갈라놓는다.

2 구절 바꿔 쓰기

허물을 덮어 주는 것은 사랑을 구하는 것이요, 문제를 자꾸 들추어내는 사람은 가까운 친구를 갈라놓는다.

➡ 허물을 덮어 주는 것은 사랑을 구하는 것이요,
　(　　　　　　　　　　　) 사람은 가까운 친구를 갈라놓는다.

입으로 소리 내어 읽으면서 손으로 직접 써 보세요.

허	물	을		덮	어		주	는	
것	은		사	랑	을		구	하	는
것	이	요	,		문	제	를		자	꾸
들	추	어	내	는			사	람	은
가	까	운			친	구	를		갈	라
놓	는	다	.						

내 삶에 적용하기

1 문제를 자꾸 들추어내는 것은 가까운 친구를 갈라놓는 것이라고 합니다. 내가 생각하는 친구를 갈라놓는 행동을 적고 그 이유나 까닭도 적어 보세요.

2 오늘 잠언을 공부하며 깨달은 점이나 내 삶을 멋지게 변화시킬 작은 실천 사항을 한 가지 적어 보고 꼭 실천해 보세요. 나로부터 시작되는 작은 변화가 세상을 아름답게 변화시킬 수 있습니다.

다른 사람을 조롱하게 하는 술

오늘의 잠언(20장 1절)

포도주는 다른 사람을 조롱하게 하고 독주는 떠들게 한다.
이런 것들에 빠지는 것은 지혜롭지 않다.

오늘의 잠언(20장 1절)

포도주는 다른 사람을 조롱하게 하고 독주는 떠들게 한다. 이런 것들에 빠지는 것은 지혜롭지 않다.

★ **독주** : 매우 독한 술. 비 약주

위 구절의 뜻을 함께 생각해 볼까요?

우리 속담에 '술 먹은 개'라는 말이 있습니다. 정신없이 술에 취해 멋대로 행동하는 사람을 비꼬는 말입니다. 우리 사회는 술에 대해 유독 너그럽습니다. 술 마시고 무슨 잘못을 하더라도 술에 취해서 그렇다거나, 술 취해서 기억이 나지 않는다고 변명을 하면 오히려 벌을 덜 받기도 합니다. 사람들은 술을 마시면 말이 많아지고 큰 소리로 떠들어대기 시작합니다. 다른 사람을 조롱하고 싸움도 잘 일어납니다. 이에 술에 취하고 빠지는 것은 지혜롭지 않다고 말합니다.

★ **의미가 비슷한 구절이나 속담**
술 먹은 개.

내가 만든 잠언(내가 만약 솔로몬이라면?)

1 낱말 바꿔 쓰기

포도주는 다른 사람을 조롱하게 하고 독주는 떠들게 한다. 이런 것들에 빠지는 것은 지혜롭지 않다.
➡ 포도주는 다른 사람을 (   ) 독주는 떠들게 한다.
　이런 것들에 빠지는 것은 지혜롭지 않다.

2 구절 바꿔 쓰기

포도주는 다른 사람을 조롱하게 하고 독주는 떠들게 한다. 이런 것들에 빠지는 것은 지혜롭지 않다.
➡ 포도주는 다른 사람을 조롱하게 하고 독주는 떠들게 한다.
　이런 것들에 빠지는 것은 (   )

입으로 소리 내어 읽으면서 손으로 직접 써 보세요.

포도주는 다른 사람을 조롱하게 하고 독주는 떠들게 한다. 이런 것들에 빠지는 것은 지혜롭지 않다.

내 삶에 적용하기

1. 게임, 도박, 담배, 마약 등은 술과 같이 한번 빠지면 헤어나오기 힘든 것들이 있습니다. 이런 것들 중에 가장 문제가 되는 것은 무엇이라고 생각하며 그 이유나 까닭은 무엇인지 적어 보세요.

2. 오늘 잠언을 공부하며 깨달은 점이나 내 삶을 멋지게 변화시킬 작은 실천 사항을 한 가지 적어 보고 꼭 실천해 보세요. 나로부터 시작되는 작은 변화가 세상을 아름답게 변화시킬 수 있습니다.

31 진정한 우정

오늘의 잠언(24장 26절)
바른 말을 해 주는 것이 진정한 우정이다.

오늘의 잠언(24장 26절)

바른 말을 해 주는 것이 진정한 우정이다.

★ 우정 : 친구 사이의 정. 비 정, 우애, 교분

 ## 위 구절의 뜻을 함께 생각해 볼까요?

내가 사귀는 친구에게 바른 말이나 충고를 해 주기 쉽지 않습니다. 특히 친할수록 더욱 그렇습니다. 하지만 친한 친구가 꼭 고쳤으면 하는 점이나 잘못한 것이 있다면 바른 말을 해 줘야 진짜 친구 아닐까요? 상대가 진짜 좋은 친구라면 나의 바른 말을 받아들이고 고치려고 노력할 것입니다. 하지만 내가 바른 말을 했다는 이유로 그 친구가 나를 미워하거나 멀어졌다면 그 친구는 정말 좋은 친구는 아닐 수 있습니다. 정말 좋은 친구는 나의 진심어린 충고를 받아들이는 친구입니다. 나도 그런 친구가 되어 주세요.

★ 의미가 비슷한 구절이나 속담
기름과 향수가 마음을 기쁘게 하듯 친구의 진심 어린 충고도 그러하다.(『잠언』 27:9)

 ## 내가 만든 잠언(내가 만약 솔로몬이라면?)

1 낱말 바꿔 쓰기

바른 말을 해 주는 것이 진정한 우정이다.
➡ 바른 말을 해 주는 것이 진정한 (   )이다.

2 구절 바꿔 쓰기

바른 말을 해 주는 것이 진정한 우정이다.
➡ (   ) 진정한 우정이다.

입으로 소리 내어 읽으면서 손으로 직접 써 보세요.

바	른		말	을		해		주	는
것	이		진	정	한			우	정이
다	.								

내 삶에 적용하기

1 오늘 잠언에서는 '바른 말을 해 주는 것이 진정한 우정'이라고 말합니다. 내가 생각하는 진정한 우정은 무엇인지, 그리고 그 이유는 무엇인지 생각해 보고 적어 보세요.

_____
_____
_____

2 오늘 잠언을 공부하며 깨달은 점이나 내 삶을 멋지게 변화시킬 작은 실천 사항을 한 가지 적어 보고 꼭 실천해 보세요. 나로부터 시작되는 작은 변화가 세상을 아름답게 변화시킬 수 있습니다.

_____
_____
_____

32 그럴듯하게 꾸며대는 사람

오늘의 잠언(26장 24절)
남을 미워하는 사람은 입술로 그럴듯하게 꾸미지만
속에는 딴마음을 품고 있다.

오늘의 잠언(26장 24절)

남을 미워하는 사람은 입술로 그럴듯하게 꾸미지만 속에는 딴마음을 품고 있다.

★ 꾸미다 : 거짓이나 없는 것을 사실인 것처럼 지어내다.　비 지어내다, 짜다

위 구절의 뜻을 함께 생각해 볼까요?

사람들은 흔히 상대방의 말에 주의를 기울입니다. 상대방이 무슨 말을 하는지 귀 기울이는 것도 좋습니다. 하지만 그 말을 하는 상대방이 믿을 만한 사람인지 아닌지가 더 중요합니다. 만약 사기꾼이 하는 말에 귀 기울인다면 어떻게 될까요? 그 거짓말에 속아 사기를 당하는 것입니다. 사람들이 말하는 것 중 거짓말도 많이 섞여 있습니다. 상대방이 하는 말의 내용보다는 상대가 어떤 사람인지를 먼저 알고 듣는 것이 더 지혜로운 처신입니다.

★ 의미가 비슷한 구절이나 속담
　그 말이 그럴 듯해도 그를 믿지 마라. 마음에 일곱 가지 역겨운 것이 있다.(『잠언』 26:25)

내가 만든 잠언(내가 만약 솔로몬이라면?)

1 낱말 바꿔 쓰기

남을 미워하는 사람은 입술로 그럴듯하게 꾸미지만 속에는 딴마음을 품고 있다.

➡ 남을 미워하는 사람은 입술로 그럴듯하게 꾸미지만 속에는 (　　　　　　　)을 품고 있다.

2 구절 바꿔 쓰기

남을 미워하는 사람은 입술로 그럴듯하게 꾸미지만 속에는 딴마음을 품고 있다.

➡ 남을 미워하는 사람은 (　　　　　　　　　　　) 속에는 딴마음을 품고 있다.

입으로 소리 내어 읽으면서 손으로 직접 써 보세요.

남을 미워하는 사람은 입술로 그럴듯하게 꾸미지만 속에는 딴마음을 품고 있다.

내 삶에 적용하기

1 상대방의 말보다는 말하는 상대가 어떤 사람인지를 먼저 알아보라고 했습니다. 내가 하는 말은 다른 사람들이 볼 때 얼마나 믿을 만하다고 생각하나요? 왜 그렇게 생각하는지 이유까지 적어 보세요.

2 오늘 잠언을 공부하며 깨달은 점이나 내 삶을 멋지게 변화시킬 작은 실천 사항을 한 가지 적어 보고 꼭 실천해 보세요. 나로부터 시작되는 작은 변화가 세상을 아름답게 변화시킬 수 있습니다.

'말 한 마디에 천 냥 빚도 갚는다.'
'가는 말이 고와야 오는 말이 곱다.'
'낮말은 새가 듣고 밤말은 쥐가 듣는다.'
'발 없는 말이 천 리 간다.'
'혀 아래 도끼 들었다.'
'호랑이는 가죽 때문에 죽고 사람은 혀 때문에 죽는다.'

우리 속담에는 유난히 말과 관련된 것이 많습니다. 왜 그럴까요? 우리 인간이 살아갈 때 가장 중요한 것 중 하나가 말이니 말을 조심하고 가려서 하라는 것이겠지요. 그런데 우리 속담뿐만 아니라 잠언에도 말과 관련된 구절이 참 많습니다.

'더러운 말을 버리고 거짓되고 남을 해치는 말은 입 밖에도 내지 마라.(『잠언』 4:24)'
'말을 조심하는 사람은 생명을 지키지만 말을 함부로 하는 사람은 망하게 된다.(『잠언』 13:3)'
'말이 많으면 죄를 짓기 쉽지만 말을 조심하는 사람은 지혜롭다.(『잠언』 10:19)'
'따뜻한 말은 생명나무와 같지만 가시 돋친 말은 영혼을 상하게 한다.(『잠언』 15:4)'
'남의 말을 하는 것은 맛있는 음식과 같아서 사람의 뱃속 깊이 내려간다.(『잠언』 18:8)'
'죽고 사는 것이 혀의 능력에 달려 있으니 혀를 사랑하는 사람들은 그 열매를 먹을 것이다.(『잠언』 18:21)'

우리 속담이나 잠언에도 이렇게나 많은 말과 관련된 구절들이 있습니다. 그럼에도 우리는 말을 함부로 합니다. 어떤 말들은 칼보다 더 날카롭게 우리 마음에 상처를 주기도 합니다. 그리고 이 상처는 잘 아물지도 않고 우리 인생의 흉한 흉터로 자리 잡아 이따금 나를 괴롭히곤 합니다. 그뿐만 아니라 나 또한 말로 다른 사람들에게 상처를 주기도 합니다. 왜 이렇게 인간은 말로 서로에게 상처 주기를 멈추지 않는 것일까요? 말을 만들어 내는 혀를 제어하기 어렵기 때문입니다.

여러분은 어떤 말들을 만들어 내고 있습니까? 사람을 살리는 말입니까? 아니면 사람을 찌르는 말입니까? 사람을 살리는 말을 하려고 노력하십시오. 다른 사람을 살리는 말은 그 어떤 선물보다 더 값진 선물이 될 수 있습니다. 다른 사람들을 비난하고 찌르는 말은 절대 하지 마세요. 무심코 던진 돌멩이에 지나가던 개구리가 맞아 죽을 수도 있듯이, 내가 무심코 던진 말 한마디가 다른 사람의 인생을 송두리째 망칠 수도 있습니다.

4장

소통
사람을 살리는 말, 찌르는 말

버려야 할 세 가지 말

오늘의 잠언(4장 24절)

더러운 말을 버리고 거짓되고 남을 해치는 말은
입 밖에도 내지 마라.

오늘의 잠언(4장 24절)

더러운 말을 버리고 거짓되고 남을 해치는 말은 입 밖에도 내지 마라.

★ 해치다 : 사람의 마음이나 몸에 해를 입히다. [비] 망가트리다, 범하다 [반] 살리다

위 구절의 뜻을 함께 생각해 볼까요?

사람의 말이란 잘 사용하면 이것보다 좋은 약도 없지만 잘못 사용하면 이것보다 더 치명적인 독도 없습니다. 내가 말을 내뱉는 순간, 그 말은 누군가에게는 영향을 주기 마련입니다. 오늘 잠언은 절대로 내뱉지 말아야 할 말 세 가지를 말합니다. 더러운 말, 거짓말, 남을 해치는 말입니다. 이런 말들은 나를 망치고 남을 망치고 세상을 망치는 말들입니다. 나는 어떤 말을 내뱉고 살고 있나요?

★ 의미가 비슷한 구절이나 속담
• 한번 한 말은 어디든지 날아간다. • 곰은 쓸개 때문에 죽고 사람은 혀 때문에 죽는다.

내가 만든 잠언(내가 만약 솔로몬이라면?)

1 낱말 바꿔 쓰기

더러운 말을 버리고 거짓되고 남을 해치는 말은 입 밖에도 내지 마라.
➡ (　　　　　　　　　)을 버리고 거짓되고 남을 해치는 말은 입 밖에도 내지 마라.

2 구절 바꿔 쓰기

더러운 말을 버리고 거짓되고 남을 해치는 말은 입 밖에도 내지 마라.
➡ 더러운 말을 버리고 (　　　　　　　　　　　　　) 입 밖에도 내지 마라.

입으로 소리 내어 읽으면서 손으로 직접 써 보세요.

더	러	운		말	을		버	리	고
거	짓	되	고		남	을		해	치
는		말	은		입		밖	에	도
내	지		마	라	.				

내 삶에 적용하기

1 오늘 잠언에서는 더러운 말, 거짓말, 남을 해치는 말을 버려야 할 세 가지로 말하고 있습니다. 내가 생각하는 버려야 할 세 가지 말은 무엇인가요? 그 이유도 적어 보세요.

_____
_____
_____

2 오늘 잠언을 공부하며 깨달은 점이나 내 삶을 멋지게 변화시킬 작은 실천 사항을 한 가지 적어 보고 꼭 실천해 보세요. 나로부터 시작되는 작은 변화가 세상을 아름답게 변화시킬 수 있습니다.

_____
_____
_____

나눌 수 없는 마음

오늘의 잠언(14장 10절)

마음의 고통은 자기만 알고 마음의 기쁨도
다른 사람과 나누지 못한다.

오늘의 잠언(14장 10절)

마음의 고통은 자기만 알고 마음의 기쁨도 다른 사람과 나누지 못한다.

★ 고통 : 몸이나 마음의 괴로움과 아픔. 비 괴로움, 고초, 아픔

위 구절의 뜻을 함께 생각해 볼까요?

내 마음은 나도 정확히 모를 때가 많습니다. 그런데 사람들은 자신도 모르는 마음을 다른 사람들이 알아주기를 바랍니다. 남이 자신의 마음을 몰라줄 때 한없이 서운하고 섭섭하다고 생각합니다. 마음에 가득한 기쁨이나 고통은 오롯이 내 감정입니다. 그것을 다른 사람과 나눌 수는 없습니다. 하지만 자신이 이해한 만큼 자신의 마음을 다른 사람에게 표현하면 마음의 고통은 줄어들 수 있고 마음의 기쁨은 배가 될 수 있습니다. 내 마음을 몰라준다고 너무 서운해하지 마세요. 원래 마음은 나누지 못하니까요.

★ 의미가 비슷한 구절이나 속담
 • 열 길 물속은 알아도 한 길 사람 속은 모른다. • 말 안 하면 귀신도 모른다.

내가 만든 잠언(내가 만약 솔로몬이라면?)

1 낱말 바꿔 쓰기

마음의 고통은 자기만 알고 마음의 기쁨도 다른 사람과 나누지 못한다.
➡ (   )은 자기만 알고 마음의 기쁨도 다른 사람과 나누지 못한다.

2 구절 바꿔 쓰기

마음의 고통은 자기만 알고 마음의 기쁨도 다른 사람과 나누지 못한다.
➡ 마음의 고통은 자기만 알고 마음의 기쁨도 (   )

 **입으로 소리 내어 읽으면서 손으로 직접 써 보세요.**

마	음	의		고	통	은		자	기
만		알	고		마	음	의		기
쁨	도		다	른		사	람	과	
나	누	지		못	한	다	.		

 **내 삶에 적용하기**

1 마음의 고통과 기쁨은 자기만 알 수 있고 다른 사람과는 나누지 못한다는 잠언 구절의 주장에 대해 어떻게 생각하는지 자신의 생각을 적고 그렇게 생각한 이유나 까닭도 적어 보세요.

---

2 오늘 잠언을 공부하며 깨달은 점이나 내 삶을 멋지게 변화시킬 작은 실천 사항을 한 가지 적어 보고 꼭 실천해 보세요. 나로부터 시작되는 작은 변화가 세상을 아름답게 변화시킬 수 있습니다.

---

35 조급하게 화를 내지 않는 사람

오늘의 잠언(14장 29절)

조급하게 화를 내지 않는 사람은 통찰력이 있지만 성질이 급한 사람은 어리석음을 드러낸다.

오늘의 잠언(14장 29절)

조급하게 화를 내지 않는 사람은 통찰력이 있지만
성질이 급한 사람은 어리석음을 드러낸다.

★ **통찰력** : 사물이나 현상을 통찰하는 능력.　[비] 관찰력, 분별력　[반] 어리석음

위 구절의 뜻을 함께 생각해 볼까요?

화를 내는 것은 좋은 것일까요, 나쁜 것일까요? 기쁨이나 슬픔이 인간의 자연스러운 감정이듯 '화'도 사람의 자연스러운 감정입니다. 때문에 화는 좋은 것도 나쁜 것도 아닙니다. 화를 적당히 적절한 방법으로 내는 것은 누구에게나 필요하고 실제로 건강에도 좋습니다. 무조건 화를 참는 것이 좋은 것은 아닙니다. 다만 성급하게 화를 내거나 불같이 화를 내는 것은 잘못입니다. 화를 내더라도 조급하게 내지 마시고 죄를 짓지 마십시오.

★ **의미가 비슷한 구절이나 속담**
- 방귀 뀐 놈이 성낸다. • 사람이 아니면 참지 못하고 참지 못하면 사람이 아니다.(『명심보감』계성 편)

내가 만든 잠언(내가 만약 솔로몬이라면?)

1 낱말 바꿔 쓰기

조급하게 화를 내지 않는 사람은 통찰력이 있지만 성질이 급한 사람은 어리석음을 드러낸다.
➡ 조급하게 화를 내지 않는 사람은 통찰력이 있지만 성질이 급한 사람은
　(　　　　　　　　　　　)을 드러낸다.

2 구절 바꿔 쓰기

조급하게 화를 내지 않는 사람은 통찰력이 있지만 성질이 급한 사람은 어리석음을 드러낸다.
➡ 조급하게 화를 내지 않는 사람은 (　　　　　　　　　　　)
　성질이 급한 사람은 어리석음을 드러낸다.

 **입으로 소리 내어 읽으면서 손으로 직접 써 보세요.**

조	급	하	게		화	를		내	지
않	는		사	람	은		통	찰	력
이		있	지	만		성	질	이	
급	한		사	람	은		어	리	석
음	을		드	러	낸	다	.		

 **내 삶에 적용하기**

1. 화가 날 때 급하게 화를 내지 않기 위해서는 화를 표현하는 방법을 잘 알아야 합니다. 화를 급하게 내지 않고 표현하는 나만의 방법이 있다면 한두 가지 적어 보세요.

___

2. 오늘 잠언을 공부하며 깨달은 점이나 내 삶을 멋지게 변화시킬 작은 실천 사항을 한 가지 적어 보고 꼭 실천해 보세요. 나로부터 시작되는 작은 변화가 세상을 아름답게 변화시킬 수 있습니다.

___

36 진노를 가라앉히는 온유한 대답

오늘의 잠언(15장 1절)

온유한 대답은 진노를 가라앉히지만
과격한 말은 분노를 일으킨다.

오늘의 잠언(15장 1절)

**온유한 대답은 진노를 가라앉히지만
과격한 말은 분노를 일으킨다.**

★ **진노** : 성을 내며 노여워함.　비 노여움, 분노

위 구절의 뜻을 함께 생각해 볼까요?

상대가 화가 났을 때 내가 어떻게 말하느냐에 따라 화를 돋울 수도 있고 화를 가라앉힐 수도 있습니다. 내가 부드러운 말로 온유하게 말하면 상대방의 진노가 가라앉습니다. 하지만 나도 상대방에게 과격한 말을 쏟아부으면 상대방의 화는 폭발하고 맙니다. 작은 싸움이 큰 싸움으로 번질 수 있습니다. 화를 내고 안 내고는 상대방의 몫이지만 내가 어떤 말로 반응할지는 내가 선택하는 것입니다. 평소 고운 말을 부드럽게 하는 습관이 있다면 상대방의 말과 상관없이 그렇게 말할 수 있지 않을까요?

★ **의미가 비슷한 구절이나 속담**
- 가는 말이 고와야 오는 말이 곱다.　• 사랑은 부드러운 말로 자란다.(라틴 속담)

내가 만든 잠언(내가 만약 솔로몬이라면?)

1 낱말 바꿔 쓰기

온유한 대답은 진노를 가라앉히지만 과격한 말은 분노를 일으킨다.

➡ 온유한 대답은 진노를 가라앉히지만 (　　　　　　　　　　)은 분노를 일으킨다.

2 구절 바꿔 쓰기

온유한 대답은 진노를 가라앉히지만 과격한 말은 분노를 일으킨다.

➡ 온유한 대답은 (　　　　　　　　　　　) 과격한 말은 분노를 일으킨다.

 **입으로 소리 내어 읽으면서 손으로 직접 써 보세요.**

온	유	한		대	답	은		진	노
를		가	라	앉	히	지	만		과
격	한		말	은		분	노	를	
일	으	킨	다	.					

 **내 삶에 적용하기**

1 상대방이 화가 많이 나서 나에게 과격한 말을 한다고 가정해 봅시다. 이럴 때 상대의 화를 가라앉히기 위해 나는 어떤 말을 어떻게 해야 할지 생각해 보고 적어 보세요.

2 오늘 잠언을 공부하며 깨달은 점이나 내 삶을 멋지게 변화시킬 작은 실천 사항을 한 가지 적어 보고 꼭 실천해 보세요. 나로부터 시작되는 작은 변화가 세상을 아름답게 변화시킬 수 있습니다.

37 영혼을 상하게 하는 가시 돋친 말

오늘의 잠언 (15장 4절)
따뜻한 말은 생명나무와 같지만 가시 돋친 말은 영혼을 상하게 한다.

오늘의 잠언(15장 4절)

따뜻한 말은 생명나무와 같지만 가시 돋친 말은 영혼을 상하게 한다.

★ 돋치다 : 돋아서 내밀다.   비 나오다, 돋다, 돋아나다   반 사그라들다

위 구절의 뜻을 함께 생각해 볼까요?

따뜻한 말은 어떤 말일까요? 고운 말, 위로하는 말, 격려하는 말, 인정하는 말, 칭찬하는 말이 아닐까요? 이런 말들은 생명나무와 같습니다. 하지만 가시 돋친 말은 정반대입니다. 거친 말, 상처 주는 말, 깎아내리는 말, 비난하는 말은 가시 돋친 말입니다. 이런 말들은 나는 물론이고 상대방에게도 큰 상처를 안겨 줍니다. 심지어 영혼을 상하게 합니다. 사람은 마음에 있는 것을 말하게 되어 있습니다. 따뜻한 말을 하려면 먼저 내 마음이 따뜻해야 합니다.

★ **의미가 비슷한 구절이나 속담**
- 의인의 입은 생명의 샘이지만 악인의 입은 폭력으로 가득하다.(『잠언』10:11)
- 의인의 입술은 기쁘게 하는 것을 알지만 악인의 입은 못된 것만 말한다.(『잠언』10:32)

내가 만든 잠언(내가 만약 솔로몬이라면?)

1 낱말 바꿔 쓰기

따뜻한 말은 생명나무와 같지만 가시 돋친 말은 영혼을 상하게 한다.

➡ (   )은 생명나무와 같지만 가시 돋친 말은 영혼을 상하게 한다.

2 구절 바꿔 쓰기

따뜻한 말은 생명나무와 같지만 가시 돋친 말은 영혼을 상하게 한다.

➡ 따뜻한 말은 생명나무와 같지만 가시 돋친 말은 (   )

입으로 소리 내어 읽으면서 손으로 직접 써 보세요.

따	뜻	한		말	은		생	명	나
무	와		같	지	만		가	시	
돋	친		말	은		영	혼	을	
상	하	게		한	다	.			

내 삶에 적용하기

1. 거친 말, 상처 주는 말, 깎아내리는 말, 비난하는 말은 가시 돋친 말입니다. 이런 말 중에서 내가 자꾸 하게 되는 말은 무엇인지 생각해 보고 그 말을 하지 않기 위해서 어떻게 해야 하는지 적어 보세요.

2. 오늘 잠언을 공부하며 깨달은 점이나 내 삶을 멋지게 변화시킬 작은 실천 사항을 한 가지 적어 보고 꼭 실천해 보세요. 나로부터 시작되는 작은 변화가 세상을 아름답게 변화시킬 수 있습니다.

38 성급한 사람과 어울리지 말라

오늘의 잠언 (22장 24절(25절))

성급한 사람과 어울리지 말고 화를 잘 내는 사람과 함께 다니지 말라. (네가 그 행동을 배워 네 영혼이 덫에 걸리게 될지 모른다.)

오늘의 잠언(22장 24절(25절))

성급한 사람과 어울리지 말고 화를 잘 내는 사람과 함께 다니지 말라.(네가 그 행동을 배워 네 영혼이 덫에 걸리게 될지 모른다.)

★ **성급하다** : 성질이 급하다.   비 조급하다, 겁겁하다, 성마르다.

위 구절의 뜻을 함께 생각해 볼까요?

학교에서 시험을 치른 후 채점을 하다 보면 성급한 친구들은 쉬운 문제임에도 틀리는 경우가 많습니다. 아는 문제인데도 조급하게 풀다가 실수하는 것입니다. 신중하고 느긋하게 하면 얼마든지 잘할 수 있는데 참 안타깝습니다. 잠언은 성급한 사람이나 화를 잘 내는 사람과는 함께 다니지 말라고 가르칩니다. 왜 그럴까요? 이 구절에 이어 '네가 그 행동을 배워 네 영혼이 덫에 걸리게 될지 모른다'라는 구절이 이어집니다. 이어지는 구절에 답이 있습니다.

★ 의미가 비슷한 구절이나 속담
- 사람이 아니면 참지 못하고 참지 못하면 사람이 아니다.(『명심보감』 계성 편) • 화를 쉽게 내는 사람은 다툼을 일으키지만 화를 천천히 내는 사람은 마음을 가라앉혀 준다.(『잠언』 15:18)

내가 만든 잠언(내가 만약 솔로몬이라면?)

1 낱말 바꿔 쓰기

성급한 사람과 어울리지 말고 화를 잘 내는 사람과 함께 다니지 말라.
➡ (   ) 사람과 어울리지 말고 화를 잘 내는 사람과 함께 다니지 말라.

2 구절 바꿔 쓰기

성급한 사람과 어울리지 말고 화를 잘 내는 사람과 함께 다니지 말라.
➡ 성급한 사람과 어울리지 말고 화를 잘 내는 사람과 (   )

 **입으로 소리 내어 읽으면서 손으로 직접 써 보세요.**

성	급	한		사	람	과		어	울
리	지		말	고		화	를		잘
내	는		사	람	과		함	께	
다	니	지		말	라	.			

 **내 삶에 적용하기**

1) 오늘 잠언은 성급한 사람과 화를 잘 내는 사람과는 어울리지 말고 함께 다니지 말라고 가르쳐 주고 있습니다. 어울리지 말고 함께 다니지 말아야 할 사람이 있다면 적어 보고 그 까닭도 적어 보세요.

2) 오늘 잠언을 공부하며 깨달은 점이나 내 삶을 멋지게 변화시킬 작은 실천 사항을 한 가지 적어 보고 꼭 실천해 보세요. 나로부터 시작되는 작은 변화가 세상을 아름답게 변화시킬 수 있습니다.

의인의 말과 악인의 입

오늘의 잠언(15장 28절)
의인은 대답할 때 깊이 생각하며 말하지만
악인의 입은 악한 것을 쏟아 낸다.

오늘의 잠언(15장 28절)

**의인은 대답할 때 깊이 생각하며 말하지만
악인의 입은 악한 것을 쏟아 낸다.**

★ 쏟다 : 마음이나 정신 따위를 어떤 대상이나 일에 기울이다.　비 기울이다, 두다

위 구절의 뜻을 함께 생각해 볼까요?

우리는 흔히 '생각 좀 하고 이야기해'라고 말하곤 합니다. 생각 없이 말을 지껄이는 사람의 말은 상처가 되고 분위기를 망치게 되고 기분을 아주 언짢게 만듭니다. 하지만 깊이 생각하며 말하는 사람의 말은 치유가 되고 처진 분위기를 살려내며 기분을 좋게 만들곤 합니다. 의인과 악인을 구분하는 기준은 대단한 것이 아닙니다. 깊이 생각하며 말을 하는 사람은 의인이고, 생각 없이 말하는 사람은 악인입니다. 나는 깊이 생각하는 의인이라고 생각하나요? 아니면 생각 없이 함부로 말하는 악인인가요?

★ 의미가 비슷한 구절이나 속담
　사려 깊은 말 한마디가 관계를 좌우한다.

내가 만든 잠언(내가 만약 솔로몬이라면?)

1 낱말 바꿔 쓰기

의인은 대답할 때 깊이 생각하며 말하지만 악인의 입은 악한 것을 쏟아 낸다.

➡ 의인은 대답할 때 (　　　　　　　　　　) 말하지만 악인의 입은 악한 것을 쏟아 낸다.

2 구절 바꿔 쓰기

의인은 대답할 때 깊이 생각하며 말하지만 악인의 입은 악한 것을 쏟아 낸다.

➡ 의인은 대답할 때 깊이 생각하며 말하지만 악인의 입은 (　　　　　　　　　　　　)

입으로 소리 내어 읽으면서 손으로 직접 써 보세요.

의	인	은		대	답	할		때	
깊	이		생	각	하	며		말	하
지	만		악	인	의		입	은	
악	한		것	을		쏟	아		낸
다	.								

내 삶에 적용하기

1 깊이 생각하며 하는 말을 '사려 깊은 말'이라고 합니다. '혹시나 해서 여쭤보는데요~', '실례가 될지 모르겠지만~'과 같은 표현은 사려 깊은 말의 예입니다. 내가 자주 쓰거나 알고 있는 사려 깊은 말을 적어 보세요.

2 오늘 잠언을 공부하며 깨달은 점이나 내 삶을 멋지게 변화시킬 작은 실천 사항을 한 가지 적어 보고 꼭 실천해 보세요. 나로부터 시작되는 작은 변화가 세상을 아름답게 변화시킬 수 있습니다.

40 꿀송이 같은 기분 좋은 말

오늘의 잠언(16장 24절)

기분 좋은 말은 꿀송이 같아서 영혼을 즐겁게 하고
아픈 뼈를 고치는 힘이 된다.

오늘의 잠언(16장 24절)

기분 좋은 말은 꿀송이 같아서 영혼을 즐겁게 하고 아픈 뼈를 고치는 힘이 된다.

★ **영혼** : 육체에 깃들어 마음의 작용을 맡고 생명을 부여하는 실체. 비 넋, 얼

위 구절의 뜻을 함께 생각해 볼까요?

'감사합니다.', '사랑합니다.', '멋지십니다.' 등과 같은 말은 기분이 좋아지는 말입니다. 하지만 듣는 순간 기분이 상하는 말이 있습니다. 기분 좋은 말은 꿀송이 같아서 기분을 좋게 할 뿐만 아니라 내 마음의 상처까지도 치유하는 힘이 있습니다. 우리 속담에 '말 한 마디로 천 냥 빚을 갚는다'라는 말이 있습니다. 어떻게 말 한 마디로 천 냥이나 되는 빚을 갚을 수 있을까요? 이치에 맞으면서도 기분을 좋게 만드는 말이라면 그런 값어치가 있지 않을까요?

★ **의미가 비슷한 구절이나 속담**
• 적절한 대답은 사람을 기쁘게 하니 때맞춰 하는 말이 얼마나 좋은지!(『잠언』 15:23) • 말 한 마디로 천 냥 빚을 갚는다.

내가 만든 잠언(내가 만약 솔로몬이라면?)

1 낱말 바꿔 쓰기

기분 좋은 말은 꿀송이 같아서 영혼을 즐겁게 하고 아픈 뼈를 고치는 힘이 된다.

➡ 기분 좋은 말은 꿀송이 같아서 영혼을 즐겁게 하고 (   ) 고치는 힘이 된다.

2 구절 바꿔 쓰기

기분 좋은 말은 꿀송이 같아서 영혼을 즐겁게 하고 아픈 뼈를 고치는 힘이 된다.

➡ (   ) 꿀송이 같아서 영혼을 즐겁게 하고 아픈 뼈를 고치는 힘이 된다.

입으로 소리 내어 읽으면서 손으로 직접 써 보세요.

기	분		좋	은		말	은		꿀
송	이		같	아	서		영	혼	을
즐	겁	게		하	고		아	픈	
뼈	를		고	치	는		힘	이	
된	다	.							

내 삶에 적용하기

1 기분 좋은 말은 꿀송이 같아서 영혼을 즐겁게 한다고 했습니다. 내가 평소 자주 하는 말 중에서 상대방의 기분을 좋게 하는 말 세 가지만 적어 보세요.

① _____
② _____
③ _____

2 오늘 잠언을 공부하며 깨달은 점이나 내 삶을 멋지게 변화시킬 작은 실천 사항을 한 가지 적어 보고 꼭 실천해 보세요. 나로부터 시작되는 작은 변화가 세상을 아름답게 변화시킬 수 있습니다.

_____
_____
_____

41 댐에 구멍을 내는 것과 같은 말다툼

오늘의 잠언(17장 14절)

다툼을 시작하는 것은 댐에 구멍을 내는 것과 같으니
다툼이 일어나기 전에 말다툼을 그치라.

오늘의 잠언(17장 14절)

다툼을 시작하는 것은 댐에 구멍을 내는 것과 같으니
다툼이 일어나기 전에 말다툼을 그치라.

★ **다툼** : 의견이나 이해의 대립으로 서로 따지며 싸우는 일. 비 갈등, 분쟁 반 평화

위 구절의 뜻을 함께 생각해 볼까요?

혹시 여러분들 중에 친구와 세계 평화나 남북통일과 같은 거창한 문제를 놓고 다툰 적 있나요? 아마 없을 것입니다. 오히려 다툰 대부분의 문제는 아주 사소한 문제들일 것입니다. 그중에서도 특히 사소한 말다툼으로 시작하여 큰 싸움으로 번진 경험들이 많이 있을 것입니다. 말다툼은 시작될 때 멈추지 않으면 큰 싸움으로 번지기 마련입니다. 이는 큰 댐에 구멍을 내는 것과도 같습니다. 큰 댐에 난 작은 구멍을 우습게 여기다가는 상상도 못 할 끔찍한 결과에 이릅니다. 말다툼이 시작될 것 같으면 당장 멈추는 지혜가 필요합니다.

★ **의미가 비슷한 구절이나 속담**
입과 혀는 재앙과 근심이 드나드는 문이요, 몸을 망치는 도끼이다.(『명심보감』 언어 편)

내가 만든 잠언(내가 만약 솔로몬이라면?)

1 낱말 바꿔 쓰기

다툼을 시작하는 것은 댐에 구멍 내는 것과 같으니 다툼이 일어나기 전에 말다툼을 그치라.
➡ 다툼을 시작하는 것은 댐에 구멍 내는 것과 같으니 다툼이 일어나기 전에 (   ) 그치라.

2 구절 바꿔 쓰기

다툼을 시작하는 것은 댐에 구멍 내는 것과 같으니 다툼이 일어나기 전에 말다툼을 그치라.
➡ 다툼을 시작하는 것은 (   )
다툼이 일어나기 전에 말다툼을 그치라.

입으로 소리 내어 읽으면서 손으로 직접 써 보세요.

다	툼	을		시	작	하	는		것
은		댐	에		구	멍	을		내
는		것	과		같	으	니		다
툼	이		일	어	나	기		전	에
말	다	툼	을		그	치	라	.	

내 삶에 적용하기

1 사소한 말다툼이 큰 싸움으로 번지곤 합니다. 친구들과 말다툼이 시작되려고 할 때 멈출 수 있는 방법은 무엇인지 생각해 보고 적어 보세요.

2 오늘 잠언을 공부하며 깨달은 점이나 내 삶을 멋지게 변화시킬 작은 실천 사항을 한 가지 적어 보고 꼭 실천해 보세요. 나로부터 시작되는 작은 변화가 세상을 아름답게 변화시킬 수 있습니다.

42. 맛있는 음식과 같은 남의 말

오늘의 잠언 (18장 8절)

남의 말을 하는 것은 맛있는 음식과 같아서
사람의 뱃속 깊이 내려간다.

오늘의 잠언(18장 8절)

**남의 말을 하는 것은 맛있는 음식과 같아서
사람의 뱃속 깊이 내려간다.**

★ 별식 : 늘 먹는 음식과 다른 색다르게 맛있는 음식.   비 특식, 별미

위 구절의 뜻을 함께 생각해 볼까요?

오늘의 잠언 구절은 놀랍게도 26장 22절하고 똑같습니다. 왜 잠언에서 똑같은 구절이 두 번이나 나오는 것일까요? 아마 모든 사람에게 해당하는 아주 중요한 문제라서 그런 것은 아닐까요? 여러분은 다른 사람에 대해 비방하는 말을 한 적이 있나요? 남에 대해 말하는 것을 맛있는 음식을 먹는 것과 같이 좋아하는 사람들이 많습니다. 하지만 뒷담화는 좋지 않은 언어 습관입니다. 나의 언어 습관 가운데 남에 대해 시시콜콜 말하는 습관이 있다면 버리세요.

★ **의미가 비슷한 구절이나 속담**
- 다툴 일이 있으면 당사자와 직접 하고 다른 사람에게까지 그 비밀을 드러내지 마라.(『잠언』 25:9)
- 나무가 없으면 불이 꺼지듯이 남의 말을 하는 사람이 없으면 다툼도 그친다.(『잠언』 26:20)

내가 만든 잠언(내가 만약 솔로몬이라면?)

1 낱말 바꿔 쓰기

남의 말을 하는 것은 맛있는 음식과 같아서 사람의 뱃속 깊이 내려간다.

➡ 남의 말을 하는 것은 (   )과 같아서 사람의 뱃속 깊이 내려간다.

2 구절 바꿔 쓰기

남의 말을 하는 것은 맛있는 음식과 같아서 사람의 뱃속 깊이 내려간다.

➡ 남의 말을 하는 것은 맛있는 음식과 같아서 (   )

 **입으로 소리 내어 읽으면서 손으로 직접 써 보세요.**

남	의		말	을		하	는		것
은		맛	있	는		음	식	과	
같	아	서		사	람	의		뱃	속
깊	이		내	려	간	다	.		

 **내 삶에 적용하기**

1 다른 사람에 대해 뒤에서 욕하거나 비방하는 것을 좋아하는 사람들이 많습니다. 이런 행동을 하지 않기 위해서는 어떻게 해야 하는지 생각하고 적어 보세요.

2 오늘 잠언을 공부하며 깨달은 점이나 내 삶을 멋지게 변화시킬 작은 실천 사항을 한 가지 적어 보고 꼭 실천해 보세요. 나로부터 시작되는 작은 변화가 세상을 아름답게 변화시킬 수 있습니다.

43 듣기도 전에 대답하는 사람

오늘의 잠언(18장 13절)
듣기도 전에 대답하는 사람은
미련하여 망신만 당한다.

오늘의 잠언 (18장 13절)

**듣기도 전에 대답하는 사람은
미련하여 망신만 당한다.**

★ **미련하다** : 터무니없는 고집을 부릴 정도로 매우 어리석고 둔하다. 비 덜떨어지다

위 구절의 뜻을 함께 생각해 볼까요?

초등학교 아이들이 가장 싫어하는 것 중 한 가지가 '새치기'입니다. 줄을 서는데 뒤에 서야 할 친구가 앞에 끼어들기라도 하면 "야! 새치기하지 마!"라며 소리를 고래고래 지릅니다. 새치기를 한 친구는 공공의 적이 되곤 합니다. 대화에서도 새치기와 같은 것이 있는데 남의 말이 끝나지도 않았는데 끼어드는 것입니다. 이럴 때 말하는 사람은 자신이 무시당했다는 기분이 들기 때문에 몹시 불쾌해집니다. 대화에서 아무리 하고 싶은 말이 있더라도 상대방의 말이 끝날 때까지 기다리는 것은 가장 기본입니다.

★ **의미가 비슷한 구절이나 속담**
한국말은 끝까지 들어 봐야 안다.

내가 만든 잠언 (내가 만약 솔로몬이라면?)

1 낱말 바꿔 쓰기

듣기도 전에 대답하는 사람은 미련하여 망신만 당한다.

➡ 듣기도 전에 대답하는 사람은 (   ) 그 자체고 망신만 당한다.

2 구절 바꿔 쓰기

듣기도 전에 대답하는 사람은 미련하여 망신만 당한다.

➡ (   )은 미련함 그 자체고 망신만 당한다.

입으로 소리 내어 읽으면서 손으로 직접 써 보세요.

듣기도 전에 대답하는 사람은 미련하여 망신만 당한다.

내 삶에 적용하기

1 내가 말하고 있는데 상대방이 내 말을 자르고 끼어든다면 그 사람에게 뭐라고 말해 줘야 할지 생각해 보고 적어 보세요.

2 오늘 잠언을 공부하며 깨달은 점이나 내 삶을 멋지게 변화시킬 작은 실천 사항을 한 가지 적어 보고 꼭 실천해 보세요. 나로부터 시작되는 작은 변화가 세상을 아름답게 변화시킬 수 있습니다.

44

죽고 사는 것이 달린 혀

오늘의 잠언(18장 21절)

죽고 사는 것이 혀의 능력에 달려 있으니
혀를 사랑하는 사람들은 그 열매를 먹을 것이다.

오늘의 잠언(18장 21절)

죽고 사는 것이 혀의 능력에 달려 있으니
혀를 사랑하는 사람들은 그 열매를 먹을 것이다.

★ **능력** : 일을 감당해 낼 수 있는 힘. 비 깜냥, 실력, 자질 반 무능력

위 구절의 뜻을 함께 생각해 볼까요?

말 한마디 잘못했다가 하루아침에 이슬처럼 사라지는 연예인이나 정치인들을 보곤 합니다. 또한 친구에게 말 한마디 잘못해서 그 친구와 관계가 나빠지고 심지어는 관계가 끊어지는 것도 경험하곤 합니다. 혀는 우리 몸 중에서 가장 작은 신체 부위 중의 하나이지만 그 능력은 어느 부위보다 강력합니다. 죽고 사는 것이 혀에 달려 있다고 해도 과언이 아닙니다. 하지만 혀를 사랑하며 잘 사용하는 사람은 인생을 성공적으로 살아갈 수 있습니다. 혀를 사랑한다는 말은 무엇일까요?

★ **의미가 비슷한 구절이나 속담**
입과 혀는 재앙과 근심이 드나드는 문이요, 몸을 망치는 도끼이다.(『명심보감』 언어 편)

내가 만든 잠언(내가 만약 솔로몬이라면?)

1 낱말 바꿔 쓰기

죽고 사는 것이 혀의 능력에 달려 있으니 혀를 사랑하는 사람들은 그 열매를 먹을 것이다.
➡ (   ) 혀의 능력에 달려 있으니
  혀를 사랑하는 사람들은 그 열매를 먹을 것이다.

2 구절 바꿔 쓰기

죽고 사는 것이 혀의 능력에 달려 있으니 혀를 사랑하는 사람들은 그 열매를 먹을 것이다.
➡ 죽고 사는 것이 혀의 능력에 달려 있으니
  혀를 사랑하는 사람들은 (   )

입으로 소리 내어 읽으면서 손으로 직접 써 보세요.

죽고 사는 것이 혀의 능력에 달려 있으니 혀를 사랑하는 사람들은 그 열매를 먹을 것이다.

내 삶에 적용하기

1 '혀를 사랑하는 사람들은 그 열매를 먹을 것이다'라고 했습니다. 혀를 사랑한다는 말이 무슨 뜻일지 생각해 보고 적어 보세요.

2 오늘 잠언을 공부하며 깨달은 점이나 내 삶을 멋지게 변화시킬 작은 실천 사항을 한 가지 적어 보고 꼭 실천해 보세요. 나로부터 시작되는 작은 변화가 세상을 아름답게 변화시킬 수 있습니다.

45 거짓말하는 혀로 얻은 보물

오늘의 잠언(21장 6절)
거짓말하는 혀로 얻은 보물은 죽음을 구하는 자들의 사라지는 물거품 같다.

오늘의 잠언(21장 6절)

거짓말하는 혀로 얻은 보물은 죽음을 구하는 자들의 사라지는 물거품 같다.

★ 보물 : 썩 드물고 귀한 가치가 있는 보배로운 물건.　비 보화, 보배

위 구절의 뜻을 함께 생각해 볼까요?

우리는 흔히 자신의 이득을 위해 거짓말을 하곤 합니다. 거짓말이라는 녀석은 처음에 얼마나 달콤한 말로 우리를 꼬드기는지 모릅니다. "네가 정직하게 말하면 사람들이 너를 어떻게 보겠니?", "한 번만 거짓말하면 엄청 이득을 볼 수 있잖아"와 같은 말로 우리를 부추깁니다. 하지만 한번 이 꾀임에 넘어가서 거짓말을 하게 되면 계속하게 만들고 결국 나를 거짓말쟁이로 만들어버립니다. 거짓말을 하면 많은 것을 얻을 수 있다고 생각하지만 그것은 곧 사라져버릴 물거품에 불과합니다. 정직하게 사는 사람이 됩시다.

★ 의미가 비슷한 구절이나 속담
　정직하게 사는 사람은 미래가 보장되지만 허랑방탕하게 사는 사람은 결국엔 드러난다.(『잠언』 10:9)

내가 만든 잠언(내가 만약 솔로몬이라면?)

1 낱말 바꿔 쓰기

거짓말하는 혀로 얻은 보물은 죽음을 구하는 자들의 사라지는 물거품 같다.

➡ 거짓말하는 혀로 얻은 (　　　　　　　)은 죽음을 구하는 자들의 사라지는 물거품 같다.

2 구절 바꿔 쓰기

거짓말하는 혀로 얻은 보물은 죽음을 구하는 자들의 사라지는 물거품 같다.

➡ 거짓말 하는 혀로 얻은 보물은 (　　　　　　　　　　　　) 같다.

입으로 소리 내어 읽으면서 손으로 직접 써 보세요.

거짓말하는 혀로 얻은 보물은 죽음을 구하는 자들의 사라지는 물거품 같다.

내 삶에 적용하기

1 내가 최근에 한 거짓말은 무엇인가요? 그 거짓말로 어떤 이익 또는 손해를 보았나요? 나는 주로 어떤 상황에서 거짓말을 하는지 생각해 보고 적어 보세요.

2 오늘 잠언을 공부하며 깨달은 점이나 내 삶을 멋지게 변화시킬 작은 실천 사항을 한 가지 적어 보고 꼭 실천해 보세요. 나로부터 시작되는 작은 변화가 세상을 아름답게 변화시킬 수 있습니다.

잠시 성경의 열왕기상 4장에 나오는 솔로몬 왕의 이야기를 소개해 보겠습니다.

어느 날 두 명의 여자가 솔로몬 왕 앞에 섰습니다. 그중 한 명이 말했습니다.
"왕이시여, 이 여자와 제가 한집에 살고 있습니다. 저 여자와 집에 같이 있을 때 제가 아기를 낳았습니다. 아기를 낳은 지 3일째 되는 날, 이 여자도 아기를 낳았습니다. 그런데 밤중에 이 여자가 자기 아들을 깔고 눕는 바람에 아기가 죽고 말았습니다. 그러자 저 여자는 한밤중에 일어나 제 곁에 있던 제 아들과 바꿔치기했습니다. 다음 날 아침에 제가 일어나 아들에게 젖을 먹이려고 보니 아기가 죽어 있었습니다. 그런데 아기를 자세히 보니 제가 낳은 아들이 아니었습니다."
다른 여자가 말했습니다.
"아니다! 살아 있는 아기가 내 아들이고 죽은 아이가 네 아들이다."
이렇게 그들은 왕 앞에서 말다툼을 벌이며 살아 있는 아기의 진짜 엄마가 누구인지를 판결해 달라고 했습니다.

여러분이 솔로몬 왕이라면 진짜 엄마를 어떻게 찾아 주시겠습니까? 갓난아기들은 생김새도 비슷하고 둘 중 누군가는 거짓말을 하고 있습니다. 이런 상황에서 문제를 정확히 파악하고 보이지 않는 것을 볼 줄 알며 통찰력을 발휘해서 해결하는 것이 '지혜'라고 할 수 있습니다.

사람들은 돈, 명예, 권력, 지식 등을 참 좋아합니다. 하지만 지혜는 이것들보다 훨씬 더 가치가 있습니다. 지혜롭지 못하다면 설령 이것들을 얻었다고 해도 어느 순간 잃어버릴 수도 있습니다. 그래서인지 사람들은 지혜를 갖길 원합니다.

'여호와를 경외하는 것이 지혜의 근본이요, 거룩한 분을 아는 것이 슬기의 근본이다.(『잠언』 9장 10절)'
'여호와를 경외하는 것이 지혜의 근본이니 그 계명을 따르는 사람들은 다 훌륭한 통찰력이 있어 영원히 여호와를 찬양할 것이다.(『시편』 111편 10절)'

세상 사람들은 지혜를 얻기 위해서는 많은 지식을 얻고 다양한 경험을 하고 깊이 생각해야 한다고들 말합니다. 하지만 성경에서 지혜는 여호와 하나님을 경외하는 것이 출발이라고 말합니다. 경외한다는 것은 두려워하며 섬기는 것을 말합니다. 지혜를 얻는 방법에 있어서 세상 사람들의 논리와 성경의 논리는 다소 차이가 있습니다. 어쨌든 이 책을 읽고 있는 여러분은 지혜로운 사람이 되어 여러분에게 닥칠 인생의 수많은 문제를 잘 헤쳐 나가기를 바랍니다.

5장

희망
힘든 시간을 이겨내는 법

46 지혜의 근본

오늘의 잠언 (9장 10절)

여호와를 경외하는 것이 지혜의 근본이요,
거룩한 분을 아는 것이 슬기의 근본이다.

오늘의 잠언(9장 10절)

**여호와를 경외하는 것이 지혜의 근본이요,
거룩한 분을 아는 것이 슬기의 근본이다.**

★ **경외** : 공경하면서 두려워함. [비] 외경 [반] 무시

위 구절의 뜻을 함께 생각해 볼까요?

우리가 공부를 열심히 하는 것은 어찌 보면 더욱 지혜롭고 슬기로워지기 위한 것입니다. 그런데 그렇게 되기 위해서는 어떻게 해야 하는 것일까요? 책을 많이 읽고 열심히 노력하면 될까요? 잠언에서는 하나님 여호와를 경외하라고 합니다. 이 말의 뜻이 이해가 가나요? 무슨 뜻일까요? 하나님을 두려워하는 사람은 죄를 덜 짓고 착하게 살아가기 위해 노력할 겁니다. 이런 사람들에게 좋은 지혜가 생긴다는 말은 아닐까요?

★ **의미가 비슷한 구절이나 속담**
여호와를 두려워하며 섬기는 것이 지식의 시작인데 어리석은 사람들은 지혜와 교훈을 가볍게 여긴다.(『잠언』 1:7)

내가 만든 잠언(내가 만약 솔로몬이라면?)

① 낱말 바꿔 쓰기

여호와를 경외하는 것이 지혜의 근본이요, 거룩한 분을 아는 것이 슬기의 근본이다.
➡ 여호와를 경외하는 것이 지혜의 근본이요, 거룩한 분을 아는 것이 (   )의 근본이다.

② 구절 바꿔 쓰기

여호와를 경외하는 것이 지혜의 근본이요, 거룩한 분을 아는 것이 슬기의 근본이다.
➡ 여호와를 경외하는 것이 지혜의 근본이요,
  (   )이 슬기의 근본이다.

입으로 소리 내어 읽으면서 손으로 직접 써 보세요.

여호와를 경외하는 것이 지혜의 근본이요, 거룩한 분을 아는 것이 슬기의 근본이다.

내 삶에 적용하기

1 '여호와를 경외하는 것이 지혜의 근본'이라는 말에 대해 어떻게 생각하나요? 내가 생각하는 지혜의 근본은 무엇이고 그 이유는 무엇인가요?

2 오늘 잠언을 공부하며 깨달은 점이나 내 삶을 멋지게 변화시킬 작은 실천 사항을 한 가지 적어 보고 꼭 실천해 보세요. 나로부터 시작되는 작은 변화가 세상을 아름답게 변화시킬 수 있습니다.

47. 생명나무가 되는 소원

오늘의 잠언(13장 12절)

소망이 이루어지지 않으면 마음이 아프지만 소원이 이뤄지면 그것은 생명나무가 된다.

오늘의 잠언(13장 12절)

소망이 이루어지지 않으면 마음이 아프지만
소원이 이뤄지면 그것은 생명나무가 된다.

★ **생명나무** : 생명의 원천이 되고 사람을 살리는 나무. 비 생명수

위 구절의 뜻을 함께 생각해 볼까요?

소망이 없는 인생은 의미 없는 인생입니다. 사람이 살아가는 이유는 소망이 있기 때문입니다. 소망이 이루어질 때 사람은 말로 다 표현할 수 없는 기쁨이 있습니다. 이 기쁨은 나를 살맛나게 하고 힘이 절로 나게 만듭니다. 하지만 소망이 이뤄지지 않으면 마음이 너무 아프고 낙심하기 쉽습니다. 하지만 그냥 넘어져 있지 말고 소망을 다시 품고 일어나세요. 원래 소망이란 항상 힘겹고 어두운 곳에서 태어나거든요. 나는 지금 어떤 소망을 가지고 있나요? 혹시 소망이 없다면 소망을 품어 보세요.

★ **의미가 비슷한 구절이나 속담**
소망은 마음의 기쁨이요, 기쁨은 힘의 원천이다.

내가 만든 잠언(내가 만약 솔로몬이라면?)

1 낱말 바꿔 쓰기

소망이 이루어지지 않으면 마음이 아프지만 소원이 이뤄지면 그것은 생명나무가 된다.
➡ (   )이 이루어지지 않으면 마음이 아프지만 소원이 이뤄지면 그것은 생명나무가 된다.

2 구절 바꿔 쓰기

소망이 이루어지지 않으면 마음이 아프지만 소원이 이뤄지면 그것은 생명나무가 된다.
➡ 소망이 이루어지지 않으면 마음이 아프지만
   소원이 이뤄지면 (   )

 **입으로 소리 내어 읽으면서 손으로 직접 써 보세요.**

소	망	이		이	루	어	지	지	
않	으	면		마	음	이		아	프
지	만		소	원	이		이	뤄	지
면		그	것	은		생	명	나	무
가		된	다	.					

 **내 삶에 적용하기**

1 이제까지 이뤄진 소망 중에서 가장 기억에 남는 소망은 무엇인가요? 그 소망이 이뤄졌을 때 나의 기분은 어땠는지 적어 보세요.

2 오늘 잠언을 공부하며 깨달은 점이나 내 삶을 멋지게 변화시킬 작은 실천 사항을 한 가지 적어 보고 꼭 실천해 보세요. 나로부터 시작되는 작은 변화가 세상을 아름답게 변화시킬 수 있습니다.

48 어리석은 사람

오늘의 잠언(18장 2절)

어리석은 사람은 깨닫는 것을 좋아하지 않고
자기 의견을 내세우기만 한다.

오늘의 잠언(18장 2절)

**어리석은 사람은 깨닫는 것을 좋아하지 않고
자기 의견을 내세우기만 한다.**

★ **내세우다** : 어떤 일에 나서게 하거나 앞장서서 행동하게 하다. 비 자랑하다, 내놓다

위 구절의 뜻을 함께 생각해 볼까요?

살아가면서 멀리해야 하는 사람 중 하나가 '어리석은 사람'입니다. 어리석은 사람의 특징은 스스로 지혜롭다고 여기며 자기 의견만 내세우고 다른 사람의 말은 들으려고 하지 않습니다. 또한 어리석은 사람들은 어리석은 행동을 반복합니다. 만약 나에게도 어리석은 사람의 특징이 있다면 나도 어리석은 사람일지 모릅니다. 하지만 자신이 어리석다는 것을 인정할 줄 아는 사람은 이미 어리석은 사람이 아닙니다.

★ **의미가 비슷한 구절이나 속담**
- 가랑잎이 솔잎더러 바스락거린다고 한다.
- 어리석은 사람의 입술은 다툼을 일으키고 그 입은 매를 부른다.(『잠언』 18:6)

내가 만든 잠언(내가 만약 솔로몬이라면?)

1 낱말 바꿔 쓰기

어리석은 사람은 깨닫는 것을 좋아하지 않고 자기 의견을 내세우기만 한다.

➡ 어리석은 사람은 (   )을 좋아하지 않고 자기 의견을 내세우기만 한다.

2 구절 바꿔 쓰기

어리석은 사람은 깨닫는 것을 좋아하지 않고 자기 의견을 내세우기만 한다.

➡ 어리석은 사람은 깨닫는 것을 좋아하지 않고 (   )

입으로 소리 내어 읽으면서 손으로 직접 써 보세요.

어리석은 사람은 깨닫는 것을 좋아하지 않고 자기 의견을 내세우기만 한다.

내 삶에 적용하기

1. 어리석은 사람들의 특징인 '스스로 지혜롭다고 여기기', '자기 의견만 내세우기', '어리석은 행동 반복하기' 중에 나에게 해당하는 것이 있나요? 있다면 그것을 없애기 위해 어떻게 해야 하는지 생각해 보고 적어 보세요.

2. 오늘 잠언을 공부하며 깨달은 점이나 내 삶을 멋지게 변화시킬 작은 실천 사항을 한 가지 적어 보고 꼭 실천해 보세요. 나로부터 시작되는 작은 변화가 세상을 아름답게 변화시킬 수 있습니다.

49 가는 길을 여유롭게 해 주는 선물

오늘의 잠언 (18장 16절)

선물은 사람이 가는 길을 여유롭게 해 주고
그를 높은 사람들 앞으로 인도해 준다.

오늘의 잠언(18장 16절)

선물은 사람이 가는 길을 여유롭게 해 주고
그를 높은 사람들 앞으로 인도해 준다.

★ 인도 : 길이나 장소를 안내함.　비 안내, 인솔, 선도

위 구절의 뜻을 함께 생각해 볼까요?

어린아이부터 어른에 이르기까지 선물을 싫어하는 사람은 없습니다. 특히 생각지도 못한 사람에게 뜻밖의 선물을 받으면 그 사람이 새롭게 보이고 급속도로 가까워지는 계기가 되기도 합니다. 잠언에서도 선물은 가는 길을 여유롭게 해 준다고 말합니다. 선물은 받는 즐거움도 크지만 주는 즐거움도 그에 못지않습니다. 선물을 준비하는 동안 그 사람이 선물을 받고 얼마나 기뻐할지를 상상하면 정말 행복해진답니다.

★ 의미가 비슷한 구절이나 속담
- 남몰래 주는 선물은 화를 달래 준다.(『잠언』 21:14)
- 선물을 한다고 거짓말로 자랑하는 사람은 비 없는 구름과 바람 같다.(『잠언』 25:14)

내가 만든 잠언(내가 만약 솔로몬이라면?)

1 낱말 바꿔 쓰기

선물은 사람이 가는 길을 여유롭게 해 주고 그를 높은 사람들 앞으로 인도해 준다.

➡ (　　　　　) 사람이 가는 길을 여유롭게 해 주고 그를 높은 사람들 앞으로 인도해 준다.

2 구절 바꿔 쓰기

선물은 사람이 가는 길을 여유롭게 해 주고 그를 높은 사람들 앞으로 인도해 준다.

➡ 선물은 사람이 가는 길을 여유롭게 해 주고 (　　　　　　　　　　　　　　)

 **입으로 소리 내어 읽으면서 손으로 직접 써 보세요.**

선	물	은		사	람	이		가	는
길	을		여	유	롭	게		해	
주	고		그	를		높	은		사
람	들		앞	으	로		인	도	해
준	다	.							

 **내 삶에 적용하기**

1. 내가 이제까지 받아 본 선물 중에서 가장 기분이 좋았던 선물은 무엇이었나요? 그 선물은 누가 준 선물이며 가장 기억에 남는 까닭은 무엇인지 적어 보세요.

___

2. 오늘 잠언을 공부하며 깨달은 점이나 내 삶을 멋지게 변화시킬 작은 실천 사항을 한 가지 적어 보고 꼭 실천해 보세요. 나로부터 시작되는 작은 변화가 세상을 아름답게 변화시킬 수 있습니다.

___

내일 일을 자랑하지 마라

오늘의 잠언(27장 1절)

내일 일을 자랑하지 마라. 네가 하루 동안에
무슨 일이 일어날지 알 수 없기 때문이다.

오늘의 잠언(27장 1절)

**내일 일을 자랑하지 마라. 네가 하루 동안에
무슨 일이 일어날지 알 수 없기 때문이다.**

★ **자랑** : 남에게 칭찬받을 만한 것을 드러내어 말함.   비 과시, 공치사

위 구절의 뜻을 함께 생각해 볼까요?

사람은 틈만 나면 자랑하고 싶어 합니다. 하지만 사람은 남의 자랑은 듣기 싫어합니다. 다른 사람이 자랑을 늘어놓으면 "자랑 좀 그만해"라고 말하며 화를 내곤 합니다. 자랑 가운데 아직 일어나지도 않은 내일 일을 자랑하는 것은 절대 하지 말아야 합니다. 왜냐하면 오늘 하루 동안 나에게 무슨 일이 일어날지 모르기 때문입니다.

★ **의미가 비슷한 구절이나 속담**
- 내일 일을 걱정하지 말라. 내일 일은 내일이 맡아서 걱정할 것이요, 한 날의 괴로움은 그날에 겪는 것으로 충분하다.(『마태복음』 6:34)   • 내일 아침 일은 오늘 저녁에 기약할 수 없고, 오늘 저녁 일은 오늘 오후에 기약할 수 없다.(『명심보감』 성심 상 편)

내가 만든 잠언(내가 만약 솔로몬이라면?)

1 낱말 바꿔 쓰기

내일 일을 자랑하지 마라. 네가 하루 동안에 무슨 일이 일어날지 알 수 없기 때문이다.
➡ (   ) 자랑하지 마라. 네가 하루 동안에 무슨 일이 일어날지 알 수 없기 때문이다.

2 구절 바꿔 쓰기

내일 일을 자랑하지 마라. 네가 하루 동안에 무슨 일이 일어날지 알 수 없기 때문이다.
➡ 내일 일을 자랑하지 마라. (   ) 때문이다.

 **입으로 소리 내어 읽으면서 손으로 직접 써 보세요.**

내	일		일	을		자	랑	하	지
마	라	.	네	가		하	루		동
안	에		무	슨		일	이		일
어	날	지		알		수		없	기
때	문	이	다	.					

 ## 내 삶에 적용하기

1 오늘 잠언은 오늘 나에게 무슨 일이 일어날지 모르기 때문에 내일 일을 자랑하지 말라고 조언합니다. 내가 생각할 때 자랑하지 말아야 하는 이유는 무엇인지 생각해 보고 그 까닭도 적어 보세요.

---

2 오늘 잠언을 공부하며 깨달은 점이나 내 삶을 멋지게 변화시킬 작은 실천 사항을 한 가지 적어 보고 꼭 실천해 보세요. 나로부터 시작되는 작은 변화가 세상을 아름답게 변화시킬 수 있습니다.

6장

쉬어 가는 마당

잠언 구절(15장 1절) 색칠하기

다음 잠언 구절을 색연필이나 사인펜으로 예쁘게 색칠해 보세요.

온유한 대답은 진노를 가라앉히지만 과격한 말은 분노를 일으킨다.

잠언 구절(17장 22절) 색칠하기

다음 잠언 구절을 색연필이나 사인펜으로 예쁘게 색칠해 보세요.

즐거운 마음은 병을 낫게 하지만 근심하는 마음은 뼈를 말린다.

잠언 낱말 퍼즐

아래 낱말 퍼즐은 잠언 각 구절에서 중요한 낱말로 소개되었던 낱말로 만들어졌습니다.
가로 열쇠와 세로 열쇠를 잘 읽고 알맞은 낱말을 넣어 퍼즐판을 완성해 보세요.

[가로 열쇠]
① 일을 빨리 해치우려고 급하게 바삐 움직인다는 뜻으로 이것의 반대말은 '느긋하다'입니다.
② 어떤 일에 나서게 하거나 앞장서서 행동하게 한다는 뜻입니다.
③ 잘못 저지른 실수를 이르는 말로 이것 없는 사람은 없습니다.
④ 자기의 의견을 바꾸거나 고치지 않고 굳게 버틴다는 의미로 이것이 무척 센 사람을 '황소 ㅇㅇ'이라고 합니다.

[세로 열쇠]
㉠ 어떤 기준에 비추어 보아 옳지 않다는 말로 흔히 '옳다'의 반대말로 사용됩니다.
㉡ 친구 사이의 정을 이르는 말로 배신하면 이것이 깨집니다.
㉢ 썩 드물고 귀한 가치가 있는 보배로운 물건을 이르는 말로 금이나 다이아몬드 등은 이것에 속합니다.
㉣ 몸이나 마음의 괴로움과 아픔을 이르는 말로 누군가 내 급소를 때리면 정말 잘 느낄 수 있습니다.

낱말 찾기

다음 낱말의 뜻을 읽고 글자판에서 해당하는 낱말을 찾아 동그라미로 묶어 보세요.
낱말을 가로, 세로, 대각선 방향으로 찾을 수 있어요.

[찾을 낱말]
① 앞으로의 행동이나 생활에 지침이 될 만한 가르침을 이르는 말로 잠언 1장 8절에 '네 아버지의 ○○을 잘 듣고'라는 구절에 들어가는 말입니다.

② '스스로 존재하는 자'라는 뜻으로 하나님의 이름으로 일컬어지는 말입니다.

③ 쌀쌀한 태도로 남을 업신여기어 비웃는 태도를 일컫는 말로 잠언 9장 7절에서는 이런 사람을 책망하는 사람은 부끄러움을 당한다고 했습니다.

④ 잘난 체하며 남을 업신여기는 것을 의미하는 말로 이 말의 반대말은 '겸손'입니다.

겸	장	홍	가	동	거
손	박	교	훈	허	만
문	두	꺼	비	냉	장
여	호	와	금	소	춘
인	두	사	부	적	장
심	부	비	박	인	호

잠언 구절 영어로 써 보기

잠언 구절을 영어로 따라 써 보면서 의미를 새겨 보세요.

잠언 10장 4절
게으른 사람은 가난하게 되고 부지런한 사람은 부요하게 된다.

⇨ **Lazy hands make a man poor, but diligent hands bring wealth.**
　※ lazy hands : 게으른 사람　　※ diligent hands : 부지런한 사람

_____

_____

_____

잠언 12장 15절
바보는 자기 길이 옳다고 하지만 지혜로운 사람은 조언에 귀를 기울인다.

⇨ **The way of a fool seems right to him, but a wise man listens to advice.**
　※ a wise man : 지혜로운 사람　　※ advice : 조언, 충고

_____

_____

_____

낱말 넣어 속담 완성하기

잠언 구절의 가르침과 우리 속담의 가르침은 많이 닮아 있습니다. 잠언 구절을 배울 때 의미가 비슷한 속담도 접했습니다. 다음 보기의 낱말을 넣어 속담을 완성해 보세요.

[보기]
방귀, 돌다리, 사촌, 혀, 욕심, 말, 가랑잎, 방울, 백지장, 사람, 팥

1. 바다는 메워도 사람 □ 은 못 채운다.
2. 귀 막고 □ 도적질한다.
3. 곰은 쓸개 때문에 죽고 사람은 □ 때문에 죽는다.
4. □ 도 맞들면 낫다.
5. 열 길 물속은 알아도 한 길 □ 속은 모른다.
6. □ 뀐 놈이 성낸다.
7. □ 이 땅을 사면 배가 아프다.
8. 가는 □ 이 고와야 오는 말이 곱다.
9. □ 이 솔잎더러 바스락거린다고 한다.
10. □ 도 두들겨 보고 건너라.
11. 콩을 □ 이라 우긴다.

내가 주는 상장

잠언을 읽고 실천하면 지혜로워집니다.
내 주변 사람들 중 가장 지혜롭다고 생각하는 사람에게 표창장을 수여해 봅시다.

표 창 장

받는 사람 :

위 사람은 아래와 같은 이유로 지혜롭다고 생각하여 상장을 드립니다.

첫째,

둘째,

셋째,

년   월   일

상장 주는 사람 :   (내 이름)

기억에 남는 구절을 만화로 그리기

기억에 남는 잠언 구절을 4컷 만화로 그려 보세요.
말 주머니도 넣어서 그려 보면 더 좋습니다.

내가 표현한 잠언 구절 :　　　장　　　절

솔로몬에게 편지쓰기

『잠언』의 저자 솔로몬 왕에게 편지를 써 보세요.

받을 사람(솔로몬)

첫 인사말

끝 인사말

날짜

쓴 사람

가장 인상 깊었던 구절과 이유

책에서 가장 인상 깊었던 잠언 구절 두 가지를 떠올려 보고 그 이유도 적어 보세요.

가장 인상 깊었던 구절 1

_____

_____

인상 깊었던 이유

_____

_____

_____

가장 인상 깊었던 구절 2

_____

_____

인상 깊었던 이유

_____

_____

_____

가장 기억에 남는 부모님의 가르침은?

잠언 1장 8절은 '네 아버지의 교훈을 잘 듣고 네 어머니의 가르침을 버리지 말라'고 말합니다.
아버지나 어머니의 교훈이나 가르침 중에 가장 기억에 남는 것이 있다면 적어 보세요.
그 까닭도 적어 보세요. 또 내가 나중에 커서 부모님이 된다면
내 자녀에게 꼭 가르치고 싶은 교훈이나 가르침을 한 가지만 적어 보세요.

가장 기억에 남는 부모님의 교훈이나 가르침

가장 기억에 남는 까닭

내가 커서 부모가 된다면 내 자녀에게 가르치고 싶은 교훈이나 가르침

새로 알게 된 낱말로 문장 만들기

『잠언』을 읽는 동안 새로 알게 된 낱말 세 가지를 쓰세요. 그리고 각 낱말의 뜻과 그 낱말을 이용한 짧은 글을 지어 보세요.

새로 알게 된 낱말 :

뜻 :

짧은 글 짓기 :

새로 알게 된 낱말 :

뜻 :

짧은 글 짓기 :

새로 알게 된 낱말 :

뜻 :

짧은 글 짓기 :

친구에게 잠언 추천글 쓰기

친한 친구에게 『잠언』 책을 추천하는 글을 써 봅시다.

_____ 에게

안녕! 요즘 나는 잠언이라는 책을 읽었어.
이 책은 이야기책처럼 재미있지는 않지만 정말 유익해.
그래서 너도 한번 읽어 봤으면 좋겠어.

내용은 다음과 같아.

내가 제일 좋았던 점은

너도 꼭 읽고 답장 써 줘. 그럼 안녕!

친구 _____ (이)가

책 표지 만들기

자기만의 독특한 개성을 살려 『잠언』의 책 표지를 만들어 봅시다. 책 표지는 가게의 간판과 같이 책에서 가장 중요한 부분 중의 하나입니다. 여러분이 출판사 직원이 되었다고 생각해 봅시다. 책 표지를 만들 때는 책 제목, 출판사 이름, 책을 소개하는 간단한 글귀 등이 들어가면 좋습니다.

잠언 구절에 비춰 본 내 삶

잠언 구절에 비추어 자신의 삶을 반성해 봅시다. 높은 별점을 받은 구절은 앞으로도 계속 그렇게 살아가면 좋습니다. 낮은 별점을 받은 구절이 있다면 앞으로 고쳐 나가면 됩니다.

잠언 구절	별점
네 아버지의 교훈을 잘 듣고 네 어머니의 가르침을 버리지 마라.(『잠언』1:8)	☆☆☆☆☆
너는 선한 사람들이 가는 길로 가고 의로운 사람이 가는 길로만 가거라.(『잠언』2:20)	☆☆☆☆☆
더러운 말을 버리고 거짓되고 남을 해치는 말은 입 밖에도 내지 마라.(『잠언』4:24)	☆☆☆☆☆
온유한 대답은 진노를 가라앉히지만 과격한 말은 분노를 일으킨다.(『잠언』15:1)	☆☆☆☆☆
성급한 사람과 어울리지 말고 화를 잘 내는 사람과 함께 다니지 말라.(『잠언』22:24)	☆☆☆☆☆
다툼을 시작하는 것은 댐에 구멍 내는 것과 같으니 다툼이 일어나기 전에 말다툼을 그치라.(『잠언』17:14)	☆☆☆☆☆
어리석은 사람은 깨닫는 것을 좋아하지 않고 자기 의견을 내세우기만 한다.(『잠언』18:2)	☆☆☆☆☆
남의 말을 하는 것은 맛있는 음식과 같아서 사람의 뱃속 깊이 내려간다.(『잠언』18:8)	☆☆☆☆☆
듣기도 전에 대답하는 사람은 미련하여 망신만 당한다.(『잠언』18:13)	☆☆☆☆☆
지식 없이 열심히만 하는 것은 좋지 않으며 너무 서두르면 죄짓기 쉽다.(『잠언』19:2)	☆☆☆☆☆
악인을 부러워하지 말고 그들과 어울리려고 하지 마라.(『잠언』24:1)	☆☆☆☆☆
바른 말을 해 주는 것이 진정한 우정이다. (『잠언』24:26)	☆☆☆☆☆
내일 일을 자랑하지 마라. 네가 하루 동안에 무슨 일이 일어날지 알 수 없기 때문이다.(『잠언』27:1)	☆☆☆☆☆
남이 너를 칭찬하게 하고 스스로 하지 말라. 칭찬은 남이 해 주는 것이지 자기 스스로 하는 것이 아니다.(『잠언』27:2)	☆☆☆☆☆

쉬어 가는 마당 정답지

잠언 낱말 퍼즐(232쪽)

		㉠그		
①서	두	르	다	
		다		㉢보
			③허	물
④㉣고	집			
통		②내	세	㉡우	다
			정	

낱말 찾기(233쪽)

겸	장	홍	가	동	④거
손	박	①교	훈	허	만
문	두	꺼	비	③냉	장
②여	호	와	금	소	춘
인	두	사	부	적	장
심	부	비	박	인	호

낱말 넣어 속담 완성하기(235쪽)

1. 욕심 2. 방울 3. 혀 4. 백지장 5. 사람 6. 방귀
7. 사촌 8. 말 9. 가랑잎 10. 돌다리 11. 팥

특별 부록

부모님을 위한 잠언 가이드

잠언을 어떻게 가르쳐야 할까?

예전에 초등학교 6학년을 가르칠 때 품위 있고 말도 참 예쁘게 하는 여자아이가 있었습니다. 이 아이는 사춘기에 들어선 다른 또래 아이들처럼 경거망동하거나 생각 없이 행동하지 않았습니다. 외모와 상관없이 아이들 속에 있으면 참 빛이 나는 아이였습니다. 그 아이를 보며 '어떻게 하면 아이를 저렇게 키울 수 있을까?'라는 생각이 들곤 했습니다. 학부모 상담 때 이런 궁금증을 일부 해결할 수 있었습니다. 아이 어머님은 아이와 비슷한 분위기가 느껴지는 교양 있는 분이셨습니다.

"아이를 어떻게 양육하셨기에 이렇게 반듯하게 키우셨나요? 혹시 무슨 비법이라도 있으세요?"

상담 말미에 궁금증을 참지 못하고 아이 어머님에게 여쭸습니다. 이 질문에 처음에는 수줍어하시더니 이런 말씀을 하셨다.

"아이 교육을 위해 책읽기를 많이 시키는데요. 어려서부터 성경 『잠언』을 매일 하루에 한 장씩 읽힙니다. 그래서인지 점점 아이가 지혜롭게 자라는 것 같습니다."

아이 어머님은 아이에게 『잠언』을 하루에 한 장씩 읽힌다고 했습니다. 잠언이 31장까지 있으니 아이는 잠언을 한 달에 한 번, 일 년이면 열두 번을 읽게 된다고 합니다. 이렇게 반복해서 읽으니 아이가 잠언의 많은 구절을 암송도 하게 되었고, 잠언의 가르침대로 살아가려고 노력하다 보니 아이가 반듯하게 자라는 것 같다는 말이었습니다. 자녀 양육의 탁월한 식견에 머리가 숙여지는 분들이 있곤 한데, 이 엄마 또한 그런 부모 중 대표적인 분이었습니다.

평생에 걸쳐 반복해서 읽을 만한 책을 발견한 사람은 남과 구별된 삶을 살아갈 수 있다고 생각합니다. 반복해서 읽다 보면 그 책이 내 인격이 되고 인생이 됩니다. 『잠언』은 평생에 걸쳐 읽을 만한 가치가 있는 책이라고 믿어 의심치 않습니다. 내 아이 손에 『잠언』을 한번 쥐어 주면 어떨까요? 잠언 구절들이 아이 인생의 울타리가 되어 주고 조력자가 되어 지켜 줄 것입니다.

초등학생에게 잠언이 왜 중요할까?

잠언은 어떤 책인가?

성경 구약 중 한 책인 『잠언』은 우스갯소리로 '잠 오는 말씀'이라 불리기도 합니다. 하지만 『잠언』의 히브리어 원어는 '미쉴레(משלי)'인데 이 뜻은 '들을 줄 아는 자세'라는 뜻을 가졌습니다. 지혜의 가장 기본자세가 경청과 겸손이라고 가르치는 잠언의 내용을 잘 대변하고 있습니다. 영어로는 'proverb'인데 우리말로는 속담이나 교훈 정도에 해당하는 표현이라 할 수 있습니다. 한자로는 '箴言(잠언)'입니다. 한자로 잠언을 보면 그 뜻이 더욱 명확해집니다. 잠언(箴言)의 '잠(箴)'은 '바늘로 찌른다'라는 뜻입니다. 즉, 잠언(箴言)의 뜻은 '바늘로 콕 찌르는 말'이란 뜻으로 우리가 나쁜 길로 빠지지 않도록 경계하고 일깨워 주는 말씀이라는 뜻을 지니고 있습니다.

성경 구약에 나오는 『잠언』은 솔로몬이 지은 것으로 많이 알려져 있습니다. 그러나 잠언 31장 가운데 1장~22장 16절, 25장~29장은 솔로몬이 지은 것이지만, 나머지는 아굴, 르무엘 왕 등이 지었고 저자 미상인 부분도 있습니다. 어쨌든 『잠언』은 총 31장 중 27장을 솔로몬이 지은 것이니 솔로몬의 저서라고 말해도 크게 틀린 것은 아닙니다.

『잠언』의 저자인 솔로몬은 '지혜의 왕'으로 우리에게 잘 알려진 친숙한 인물입니다. 하지만 솔로몬이 살았던 시대(BC 990년 ~ BC 931년)는 지금으로부터 무려 3,000년 즈음 전입니다.(공자나 소크라테스보다도 500여 년 전에 살았습니다.) 우리 인간은 과학이 발전하면서 날로 지혜로워지고 있다고 생각하지만, 이 책은 지금 읽어도 전혀 어색하지 않고 오히려 무릎을 치게 만듭니다.

『잠언』은 한마디로 지혜롭게 사는 법을 가르쳐 주는 지혜서라고 할 수 있습니다. 내용이 비슷하거나 중복되기도 하지만, 어떤 행동이 이롭고 지혜로운 것인지 어떤 것이 해로운 것인지를 말해 줍니다. 다양한 가치들 속에서 어떤 것이 옳고 그른지에 대해 가르치며 도덕적 가치, 삶의 의미, 정의 등에 대해 질문하고 읽는 이로 하여금 깊은 묵상을 하게 합니다.

우리가 『잠언』을 읽으면서 간과하지 말아야 할 것은 『잠언』은 어디 가서 아는 척이나 하려고 읽는 책은 절대 아니라는 사실입니다. 『잠언』은 많은 지혜에 대해 말해 주고 있지만, 실천하며 삶에 적용할 때 의미가 있습니다. 이것을 가장 잘 보여 주는 인물이 바로 『잠언』의 저자인 솔로몬입니다. 솔로몬은 다른 사람들을 위해 3,000개가 넘는 잠언을 지었다고 하지만, 그의 말년은 썩 좋지 않았습니다. 1,000명이나 되는 후궁과 첩을 두었고, 그들이 섬기는 우상 숭배에 빠지고 말았습니다. 그뿐만 아니라 아들인 르호보암은 그의 어리석음으로 말미암아 왕에 즉위하고 얼마 지나지 않아 이스라엘 왕국은 남북으로 갈라져 버리고 맙니다. 자식 농사도 실패한 셈입니다. '지혜로운 삶'이란 지혜로운 말이나 떠벌리는 것이 아니라, 지혜로운 말을 지침 삼아 살아 내는 능력을 말합니다.

초등생들이 『잠언』을 읽어야 하는 이유

초등생들이 『잠언』을 왜 읽어야 하는 걸까요? 무슨 유익이 있어서일까요? 이 질문을 역으로 해 보겠습니다. 초등생들이 『잠언』을 왜 읽지 말아야 하는 걸까요? 읽지 않으면 무슨 유익이 있을까요? 아마 후자의 질문에 선뜻 자신 있게 답변할 수 있는 사람은 거의 없을 듯합니다. '읽혀야 할 이유를 들자면 많지만 읽히지 말아야 할 이유는 찾기 힘든 책'이 바로 『잠언』이 아닐까 싶습니다. 제가 생각하는 초등생들이 『잠언』을 읽어야 하는 이유 몇 가지를 정리해 보겠습니다.

지혜롭고 성공하는 인생

'다툼을 시작하는 것은 댐에 구멍을 내는 것과 같다.'
'어리석은 사람은 깨닫는 것을 좋아하지 않고 자기 의견을 내세우기만 한다.'
'남의 말을 하는 것은 맛있는 음식과 같아서 사람의 뱃속 깊이 내려간다.'

『잠언』에는 이와 같은 구절로 가득합니다. 인생을 살다 보면 어느 순간 이런 구절이 인생의 진리라는 것을 깨닫습니다. 그런데 어렸을 때부터 이런 주옥같은 구절들을 안다면 얼마나 풍성하고 지혜로운 인생이 될까요? 인생은 당연한 진리를 깨달아가는 여정이라고 할 수 있습니다. 어떤 사람은 당연한 진리를 깨닫고 지혜롭고 행복하게 살아가는가 하면, 어떤 사람은 당연한 진리를 죽을 때까지 깨닫지 못하고 어리석고 불행한 인생을 살아갑니다. 잠언 구절은 우리가 깨달아야 하는 당연한 인생 진리들을 열거하고 있습니다. 이 구절들을 읽고 나의 인생 구절로 만들 수 있다면, 반드시 지혜롭고 성공하는 인생을 살아갈 수 있을 것입니다.

사고력 확장

사고력을 기르는 방법은 여러 가지가 있습니다. 그중에서도 어떤 좋은 구절을 계속 되뇌거나 묵상하는 것만큼 좋은 방법도 없습니다. 좋은 구절은 아이를 사유의 숲으로 인도하는 길라잡이가 되어 주고, 이 과정이 반복되다 보면 아이는 남다른 사고의 깊이를 가지게 됩니다. 요즘 세태는 자꾸 많은 것을 소유하려고 하지만 소유보다 더 중요한 것은 존재입니다. 어떤 지식을 소유에서 존재로 바꿀 수 있는 길이 바로 '한 구절 묵상'입니다. 이런 측면에서 잠언의 명구절 묵상은 사고력 확장을 위한 최고의 도구가 될 수 있습니다. 내가 생각하지 않으면 남이 생각한 대로 살아가야 합니다. 내 아이가 자신의 생각대로 살아가길 원한다면, 한 구절 묵상 훈련을 통해 사고력을 길러 줘야 합니다.

바른 가치관 정립

『잠언』은 아이들에게 삶의 방향성을 제시해 줍니다. 초등학생 시기는 어떻게 살아가야 하는지를 배워야 하고 인생의 가치관을 정립해 가는 때입니다. 이 시기에 바른 가치관을 배워야만 커서도 잘못된 길로 걸어가지 않고 지혜로운 인생을 살아갈 수 있습니다.

『잠언』은 선택의 순간에 어떤 선택이 더 지혜로운 선택인지를 알려 주기도 하고, 어려운 인간관계에서 어떻게 처신하는 것이 좋은 것인지를 가르쳐 주기도 합니다. 이런 것들은 선생님도 부모님도 잘 가르쳐 주지 못하는 것들입니다. 초등학생 때 형성된 가치관은 일생에 걸쳐 잘 변하지 않습니다. 가치관의 혼돈과 부재 속에서 살아가게 될 아이들에게 『잠언』을 통해 바른 가치관을 심어 줄 수 있다면, 어떤 것보다 값진 평생의 자산이 될 것입니다.

고급스러운 표현 능력 향상

말하기와 쓰기는 대표적인 표현 능력입니다. 표현 능력에 따라 그 사람의 수준이 드러나기 마련이고 이를 가늠해 볼 수 있습니다. 수준 높은 말하기나 글쓰기 능력을 갖추는 것은 고급스러운 표현 능력 향상을 위해 무엇보다 중요합니다. 고급스러운 말하기나 글쓰기 능력 중에 가장 대표적인 것이 '인용'입니다. 권위 있는 어떤 표현을 인용해서 '말격'이나 '글격'을 획기적으로 높일 수 있습니다. 이런 면에서 잠언 구절을 알고 있다면 말을 하거나 글을 쓸 때 필요한 구절을 쓸 수 있습니다. 적절한 인용은 은쟁반에 옥구슬처럼 말이나 글을 반짝거리게 만들 수 있습니다.

절대자의 존재에 대해 고민해 보는 기회

세상은 두 부류가 있는데 '신은 존재한다'는 믿음을 가진 사람과 '신은 존재하지 않는다'는 믿음을 가진 사람들입니다. 어떤 믿음을 선택하느냐는 본인의 선택이지만 한 번 선택된 믿음은 좀처럼 바뀌지 않습니다. 아이들은 태어난 가정환경에 따라 어느 한 가지 믿음을 가지기 마련입니다. 하지만 분명한 것은 자신의 경험과 깨달음이 없이 강요된 믿음은 맹목적이며 별 힘이 없고 나중에 큰 탈이 나기 마련입니다.

『잠언』은 여호와 하나님이라는 절대자가 존재함을 전제하고 만들어진 책입니다. 그렇기에 신이 존재한다고 믿는 사람에게는 믿음을 더욱 공고히 할 수 있지만, 신이 존재하지 않는다고 믿는 사람들에게는 자신의 생각이 흔들릴 수도 있고 오히려 더욱 공고해질 수도 있습니다.

신의 존재를 부정하는 가정환경이나 분위기 속에서 자란 아이들에게 『잠언』은 신의 존재에 대해 진지하게 생각할 기회를 열어 줄 수 있다고 생각합니다. 살다 보면 누구나 한두 번쯤은 절대자의 존재에 대해 고민하기 마련입니다. 『잠언』을 공부하면서 그 고민을 해 보는 것도 괜찮은 방법이 아닐까 싶습니다.

이 책을 읽을 때 주의할 점

이 책을 제대로 활용하기 위해서는 다음과 같은 몇 가지 사항에 주의를 기울이면서 읽으면 좋을 듯합니다.

원전을 접할 기회로 활용하세요

이 책은 『잠언』 중에서 종교색이 없는 어휘들을 중심으로 아이들이 읽으면 유용한 50구절을 추려 구성했습니다. 쉽게 말해 원전은 아닙니다. 만약 이 책을 읽고 잠언 구절이 흥미롭게 느껴진다면 잠언 원전을 접해 보기를 권합니다.

원전만이 줄 수 있는 힘을 간과하지 마십시오. 원전에는 사색의 기회가 숨어 있습니다. 몇 개 구절만 발췌해서 읽는 것과 원전을 통째로 읽는 것은 다릅니다. 잠언 원전을 읽혀 보고 싶은 분들께는 두란노 출판사에서 출간된 『우리말 성경』을 추천합니다.

하루에 한 구절씩만 익히세요

이 책은 잠언 구절 50개로 구성되어 있습니다. 하루에 한 구절씩 익힌다면 두 달 가까이 걸리는 분량입니다. 한 구절을 접하는 데 30분 정도면 충분합니다. 이 책은 '해치우는 책'이 아닙니다. 욕심 부리지 말고 하루에 한 구절씩 익히는 것이 효과적입니다.

가족이 같이 한다면 더욱 좋습니다

가족이 둘러앉아 이 책을 같이 해 본다면 최고의 가족 독서가 될 것입니다. 잠언 한 구절에 대한 다양한 생각과 의미가 오갈 것입니다. 이만한 독서 토론이 없습니다. 아이 책, 엄마 책, 아빠 책 따로 준비해서 각자 풀고 가족이 모여 '내가 만든 잠언'이나 '내 삶에 적용하기' 코너의 문제에 대해 서로 이야기를 나누다 보면 아주 깊은 대화들이 오갈 것입니다. 만약 가족이 50번을 모여 이렇게 대화한다면 아이에게는 어떤 변화가 일어날까요? 어쩌면 부모가 더 변할지도 모릅니다.

지혜 쑥쑥 마음 튼튼
초등 잠언 학교

초판 1쇄 발행 2025년 6월 25일
초판 3쇄 발행 2025년 8월 5일

지은이 송재환
그린이 인호빵
펴낸이 최순영

출판1 본부장 한수미
라이프 팀장 곽지희
편집 김소현
디자인 하은혜

펴낸곳 ㈜위즈덤하우스 **출판등록** 2000년 5월 23일 제13-1071호
주소 서울특별시 마포구 양화로 19 합정오피스빌딩 17층
전화 02) 2179-5600 **홈페이지** www.wisdomhouse.co.kr

ISBN 979-11-7171-443-8 63700

- 이 책의 전부 또는 일부 내용을 재사용하려면 반드시 사전에 저작권자와 ㈜위즈덤하우스의 동의를 받아야 합니다.
- 인쇄·제작 및 유통상의 파본 도서는 구입하신 서점에서 바꿔드립니다.
- 책값은 뒤표지에 있습니다.